WERNER LOCH (Hrsg.)

Modelle pädagogischen Verstehens

neue pädagogische bemühungen

Herausgeber:
Prof. Dr. Werner Loch
Prof. Dr. Jakob Muth
Band 77

WERNER LOCH (Hrsg.)

Modelle pädagogischen Verstehens

Neue Deutsche Schule
Verlagsgesellschaft mbH,
Essen

Otto Friedrich Bollnow
zum 75. Geburtstag
dankbar gewidmet

ISBN-Nr. 3-87964-223-X
1978, 1. Auflage
© Neue Deutsche Schule Verlagsgesellschaft mbH, Essen
Gesamtherstellung: Berg-Verlag GmbH, Bochum

Inhalt

Werner Loch

9 Individuelles Verhalten und pädagogisches Verstehen

9   1. Das pädagogische Verstehen
13 2. Die ideologische Verleugnung des Edukanden
16 3. Die systematische Auflösung der Pädagogik
19 4. Die szenische Verkürzung der Erziehung
20 5. Die methodische Ausklammerung individueller Verhaltensweisen
24 6. Die sozialtechnische Neutralisierung des Individuums

Rudolf Lengert

**31 Theorie einer unpolitischen Befreiung des Menschen
Zu Fichtes „Lebenslehre"**

Gottfried Bräuer

**53 Weltoffenheit — Bedingung und Ergebnis
menschlichen Lernens**

53   1.   Zur anthropologischen Problematik der Weltoffenheit
54   1.1 Ansätze der philosophischen Anthropologie
60   1.2 Lernprozesse und angeborene Strukturen —
          Neuere Forschungsansätze
80   1.3 Zum Möglichkeitsproblem
89   2.   Das Möglichkeitsproblem unter dem Aspekt
          einer anthropologischen Lerntheorie
90   2.1 R. Spitz: Komplexitätserweiterung im entstehenden Dialog
93   2.2 Andere Aspekte der Möglichkeitserweiterung
          und Welterschließung

Gerhard Velthaus

**103 Didaktische Leitvorstellungen des sozialen Lernens
in der Grundschule**

103 I.   Sozial-anthropologische Voraussetzungen
109 II. Didaktischer Orientierungsrahmen
111 III. Das »Handeln« als Grundlage des Unterrichts

Karl Schneider

141 **Die Bedeutung »didaktischer Modelle« in der Lehrerausbildung**

143 I. Didaktische Modelle als Modeerscheinung?
149 II. Modell und Wirklichkeit
154 III. Der Stellenwert didaktischer Modelle in der praktischen und theoretischen Ausbildung der Lehrer

Wir danken Autor und Verlagen für die uns erteilte Genehmigung zum Abdruck von Abbildungen und Texten:

Herrn Dr. Werner Nestle, Reutlingen S. 121, 122, 123
Moritz Diesterweg Verlag, Frankfurt S. 119
TR-Verlagsunion GmbH, München S. 130, 132, 133
Wolf Verlag GmbH, Regensburg S. 117

Herausgebervorwort

Modelle pädagogischen Verstehens sind Leitbilder für das Nachdenken über den Umgang zwischen Menschen in Erziehungsverhältnissen. Die Beiträge, die in diesem Band vereinigt sind, richten sich vor allem an Lehrer und Sozialpädagogen und solche, die es werden wollen. Sie machen darauf aufmerksam, daß die Arbeit des Erziehers nicht nur darauf beruht, was er den Lernenden vermittelt, sondern auch darauf, wie er es ihnen vermittelt. Und das setzt voraus, daß er sie versteht und daß sie ihn verstehen. Von den Modellen, die dieses pädagogische Verstehen leiten und die es den zu erziehenden Menschen vermittelt, hängt es entscheidend ab, ob sie ein Selbst- und Weltverständnis aufbauen können, das ihnen Selbstvertrauen und Kraft für eine produktive und befriedigende Bewältigung ihrer Zukunft gibt.

Der Beitrag von Werner Loch über »Individuelles Verhalten und pädagogisches Verstehen« zeigt, daß pädagogisches Verstehen nur möglich ist, wenn den Kindern und Jugendlichen in den Schulen und anderen Erziehungseinrichtungen die Chance gegeben wird, nicht nur das, was sie lernen sollen, sondern auch das, was sie persönlich bewegt, möglichst vielseitig darzustellen, damit ihnen die Erzieher helfen können, sich selbst besser zu verstehen.

Rudolf Lengert macht die aktuelle Bedeutung des von Fichte entwickelten Gedankens einer »unpolitischen Befreiung des Menschen« verständlich, der darauf hinausläuft, daß der einzelne sich keineswegs zwangsläufig als Produkt der gesellschaftlichen Verhältnisse zu verstehen braucht, sondern daß die Art und Weise, wie er sich fühlt und seine Welt erlebt, von dem optimistischen oder pessimistischen Modell abhängt, nach dem er sich in seiner Lebenswelt versteht.

Die Untersuchung Gottfried Bräuers mit dem Titel »Weltoffenheit – Bedingung und Ergebnis menschlichen Lernens« betrachtet die von Scheler, Pleßner, Gehlen, Lorenz, Piaget, Chomsky und anderen Forschern entworfenen Modelle der menschlichen Lernfähigkeit unter dem

Gesichtspunkt, in welchem Ausmaß sie als Leitvorstellungen für kommunikative Lernprozesse geeignet sind, die dem seinen biologischen Anlagen nach für eine offene Welt vorprogrammierten Menschen zu einer produktiven Organisation seiner so unübersichtlich gewordenen Welt und ihrer Lebensmöglichkeiten befähigen.

Diese theoretischen Ausführungen werden durch die Arbeit von Gerhard Velthaus über »Didaktische Leitvorstellungen des sozialen Lernens in der Grundschule« an einem bestimmten Erziehungsfeld beispielhaft konkretisiert. Anhand vieler praktischer Beispiele wird hier verdeutlicht, daß der elementare Sachunterricht die Handlungsfähigkeit der Kinder in ihrer Lebenswelt nur dann wirksam zu fördern vermag, wenn er die Welt nicht einfach abzubilden sucht, sondern den Kindern Materialien und Modelle vermittelt, die sie anregen, bei der spielerischen Rekonstruktion der gesellschaftlichen Wirklichkeit im Unterricht ihre eigenen Erfahrungen kreativ einzubringen.

Die Bedeutung, die der Modellbegriff heute in der Didaktik und der Pädagogik gewonnen hat, wird von dem abschließenden Beitrag von Karl Schneider mit besonderem Hinblick auf die Lehrerbildung kritisch erörtert. Er macht auf die Merkmale aufmerksam, die ein pädagogisches Denkgebilde haben muß, damit es den Namen »Modell« verdient und als »Spielfeld« der pädagogischen Phantasie, Reflexion und Verständigung fruchtbar werden kann.

Da sich die Verfasser der in diesem Band versammelten fünf Abhandlungen in der Überzeugung einig sind, daß Modelle auch in der Pädagogik nur vereinfachende und einseitige, vorläufige und deshalb immer wieder zu revidierende Konzepte zum Verstehen einer Wirklichkeit bilden, die sie immer wieder in Frage stellt, haben sie diesen Band Otto Friedrich Bollnow gewidmet, dem sie die Einsicht verdanken, daß »das Prinzip der offenen Frage« für alle anthropologischen und damit auch pädagogischen Erkenntnisbemühungen grundlegend ist.

Werner Loch

Individuelles Verhalten und pädagogisches Verstehen

1. *Das pädagogische Verstehen*

Pädagogisches Verstehen ist ein praktisches Verstehen. Aber wie die Mutter ihr Kind, der Lehrer seine Schüler, der Heimerzieher seine Zöglinge versteht, das unterscheidet sich davon, wie der Handwerker, der Techniker, der Künstler ihr Geschäft verstehen. Das pädagogische Verstehen ist nämlich ein Verstehen auf *Gegenseitigkeit*. Das macht es so schwierig. Was haben die Mutter und ihr Kind davon, wenn sie das Kind versteht, aber das Kind sie nicht, oder umgekehrt? Und wenn Schüler den Lehrer nicht verstehen, was bekanntlich oft der Fall ist, dann hat er allenfalls den Unterrichtsstoff verstanden, den er ihnen zu vermitteln sucht, aber nicht die Schüler; denn wenn *er* ihre Lernprobleme besser verstanden hätte, hätte er ihnen den Stoff besser vermitteln und *sie* ihn besser verstehen können. So wird alles das, was der Lehrer kann, durch das in Frage gestellt, was die Schüler nicht können oder wollen. Deshalb kann man über das pädagogische Verstehen als eine tragende Komponente des pädagogischen Könnens nur sachgemäß sprechen, wenn man seine Wechselwirkung *(Interaktion)* mit den zu erziehenden Individuen von vornherein miteinbezieht. Es genügt nicht, daß der Erzieher — sei er nun in einer Eltern-, Lehrer- oder Sozialarbeiterrolle tätig — die kulturellen Sachverhalte oder Verhaltensweisen, die er zu vermitteln hat, beherrscht, sondern er muß sie seinen Klienten auch verständlich machen können. Und um das zu können, muß er imstande sein, sie in ihrer individuellen Situation zu verstehen.

Um die Fähigkeiten, die der Erzieher mitbringen muß, damit er die schwierige Aufgabe des pädagogischen Verstehens bewältigen kann, zu ermitteln, muß man sich die Eigenart der sozialen Situation vergegenwärtigen, in der sich Erzieher und Zuerziehende zusammen befinden. Diese Situation zwingt die Menschen, die sich in ihr befinden, nicht nur zum gegenseitigen Verstehen, sondern auch gleichzeitig zur *Beteiligung*. Ohne Beteiligung an der Sache, die gelernt werden soll, wird das pädagogische Verstehen gar nicht zur Aufgabe. Deshalb setzt pädagogisches Verstehen zuallererst voraus, daß mindestens zwei Individuen gemeinsam etwas tun. Ohne *gemeinsame Tätigkeit* kann einer der Beteiligten gar keine erzieherische Absicht in sich erzeugen, worin diese auch immer bestehen mag, und deshalb auch keine Erzieherrolle zu spielen versuchen. Wenn die Schüler sich nicht am Unterricht beteiligen, dann nutzen dem Lehrer auch gesteigerte Anstrengungen bei der Stoffdarstellung nichts, von fruchtlosen Ermahnungen, Beschimpfungen oder Strafen ganz zu schweigen. Was aber heißt »Beteiligung« im pädagogischen Bezug? — Beteiligung heißt auch hier zunächst Arbeitsteilung, Spiel mit *verteilten Rollen*. Es muß Erziehungsbedürftige und Erziehungsfähige geben, die Erwartungen aneinander richten, Wünsche haben, Aufgaben stellen, Beweggründe, Motive positiver oder negativer Art, persönliche Interessen und Probleme, wechselnde Stimmungen und Gefühle haben. Wenn das alles bei einer gemeinsamen Aktivität zusammenkommt, kann es nicht ausbleiben, daß bei den Interaktionen, die diese gemeinsame Aktivität erfordert und wo jeder nach den Erwartungen des oder der anderen seine Rolle zu spielen hat, Gegensätze, Spannungen, wenn nicht Konflikte auftreten. Das heißt: man erkennt, daß man sich nicht oder nicht gut versteht, daß man sich zunächst verständigen muß, um die gemeinsame Aufgabe arbeitsteilig in Angriff nehmen oder zu Ende führen zu können, oder daß man auseinandergehen muß, weil man sich trotz besten Willens nicht zu verständigen vermochte.

Insofern ist das pädagogische Verstehen nur ein Sonderfall des sozialen Verstehens, des Verstehens, das bei jedem zwischenmenschlichen Umgang in einem Mindestmaß erforderlich ist. Bei allem, was man mit anderen gemeinsam tut, muß dieser *hermeneutische Zirkel der Interaktion* in Gang kommen, wenn das

Vorhaben nicht scheitern soll. Und in dem Maße, wie er sich zu drehen beginnt, kommt — bei allen Gegensätzen, die bestehen — ein gewisses Maß von *Konsens* zustande, schälen sich gemeinsame Vorstellungen von richtig und falsch heraus, beginnen sich Regeln zu bilden, auch wenn man sie nicht eigens vereinbart. Es gibt keine Interaktion ohne ein Minimum basaler Regeln! Diese pragmatischen Regeln, die man *soziale Normen* nennt, haben einen ähnlichen Charakter wie die Regeln der Logik. Wenn man denken will, muß man Regeln folgen, und genauso ist es, wenn man handeln will. Die Ziele und Bedingungen, Mittel und Akteure einer Handlung zwingen den Beteiligten zweckmäßige Regeln auf, weil Handeln ein Verhalten ist, das Wirkung beabsichtigt. Und zwar ist dieser Sachzwang zur Regelbildung um so stärker, je größer die Widerstände sind, die sich den Zielen entgegenstellen. Regelbildung aber ist ohne Verstehen schlechterdings unmöglich. Man muß die Aufgabe und seine Arbeit verstehen, man muß einander und die Widerstände verstehen, die auftreten.

Wie alle Grundformen sozialen Verstehens hat auch das pädagogische sein eigentümliches Problem. Es besteht darin, daß bei aller Gegenseitigkeit des Sichverstehenmüssens der Beteiligten eine charakteristische Ungleichheit besteht: die einen sollen oder wollen etwas lernen, und zwar von den anderen. Das setzt voraus, daß sie es können oder zumindest besser verstehen als die, welche es zu lernen haben. Diese Differenz ist konstitutiv für das pädagogische Verstehen; es ist die Differenz zwischen Eltern und Kindern, Lehrern und Schülern, Erzieher und Zögling. Sie schafft die *pädagogische Situation*. Das ist die Situation, die immer dann entsteht, wenn Individuen etwas *lernen* sollen oder wollen, was sie aus eigener Kraft aus irgendeinem Grund nicht lernen können. Etwas nicht können schafft noch keine pädagogische Situation. Erst das Nicht*lernen*können ruft sie hervor: die *Lernhemmung*. Deshalb kann man die Funktion der Erziehung im menschlichen Leben als *Lernhilfe* bestimmen, die immer dann sinnvoll — notwendig, zweckmäßig oder wünschenswert — ist, wenn bei Mitgliedern einer Gruppe oder Gesellschaft in bezug auf das, was sie können sollen und lernen müssen, weil sie es noch nicht oder nicht mehr können, Lernhemmungen entstehen oder vorauszusehen sind. Dieses Modell der Erziehung kann man am Beispiel des Kindes, das zu Hause einen vernünftigen Umgang mit dem Fernsehen lernen muß, ebenso erproben wie am Beispiel der Schüler, die Englisch lernen sollen, oder am Beispiel des Heimzöglings, der lernen soll, sich in der Stadt, an deren Rand sich das Heim befindet, trotz der Vorurteile vieler Leute gegen »Fürsorgezöglinge« unbefangen zu bewegen, und der lernen soll, außerhalb des Heimes Freunde zu gewinnen und zu bewahren, die ihm helfen können, seine schwierige Situation zu bestehen.

Diese individuellen Lernhemmungen, die den Betroffenen selbst zumeist undurchsichtig sind, zu verstehen, besser zu verstehen als die Betroffenen, sie ihnen verständlich zu machen und einen Weg zu ihrer Überwindung gemeinsam mit ihnen zu erarbeiten und einzuüben — das ist eine der wichtigsten Aufgaben der Erzieher jeder Art. Es genügt nicht, daß sie die kulturellen Sachverhalte bzw. Verhaltensweisen, die sie ihren Klienten vermitteln sollen, verstehen, und es genügt auch noch nicht, daß sie sie überzeugend darstellen und demonstrativ reproduzieren können. Vielmehr müssen sie über diese Fähigkeit zur *demonstrativen Reproduktion* und *exemplarischen Demonstration* hinaus (die für jeden Erzieher unerläßlich ist, wenn er den Aufgaben seiner Rolle gerecht werden will) Wirklichkeit und Möglichkeit, Vergangenheit und Zukunft der Individuen zu verstehen in der Lage sein, die ihnen in der pädagogischen Situation begegnen und Lernhilfe brauchen. Das »Besserverstehen«, das vom Erzieher gefordert ist, bezieht sich eben nicht nur auf das, was er vermitteln soll, sondern auch auf die Probleme der zu erziehenden Individuen (1). Und in dieser Hinsicht hat es eine diagnostische und eine prognostische Aufgabe: es muß den Edukanden *regressiv*, von seiner gegenwärtigen Wirklichkeit in seine Vergangenheit zurückgehend, und *progessiv*, daraus seine künftigen Möglichkeiten erschließend und mit ihm seine Zukunft immer wieder neu entwerfend, verstehen. So besteht die kreative Leistung des pädagogischen Verstehens nicht nur darin, daß es Begabungen im noch unerschlossenen Zustand zu entdecken, sondern daß es sie auch durch geeignete Lernhilfen zu entwickeln vermag.

Pädagogisches Verstehen ist deshalb sowohl auf *curriculare Rücksicht* als auch auf *curriculare Voraussicht* angewiesen. Das Wort »curricular« bedeutet: auf den Lebenslauf, das »curriculum vitae« des Edukanden bezogen und auf die kulturellen Sachverhalte bzw. Verhaltensweisen, die er in seinem Lebenslauf schon oder noch nicht gelernt hat und deshalb noch lernen muß, wenn sein weiteres Leben die Chance eines produktiven und befriedigenden Verlaufs bekommen soll. Das sind die wichtigsten Aufgaben des pädagogischen Verstehens in dem Regelkreis von Lernen, Lernhemmung und zum Lernenkönnen befreiender Lernhilfe, in dem die Erziehung im Lebenslauf immer wieder entsteht und vergeht, ihren Sinn gewinnt und ihren Sinn erfüllt. Diese schwierigen Aufgaben des individualisierenden Verstehens setzen beim Pädagogen Bereitschaften und Qualifikationen voraus, die keineswegs nur durch Theorie und erst recht nicht durch eine der Erziehungswirklichkeit entfremdete Theorie, sondern vor allem durch eine Wechselwirkung von theoretischer Reflexion und klinischer Praxis zu erwerben sind: durch Einüben eines spezifischen Könnens, das in der Bereitschaft besteht, die demonstrative Intention immer wieder zurückzuhalten, um den Edukanden Zeit zu individuellem Verhalten einzuräumen (2). Denn nur wenn sie Gelegenheit bekommen, das zum Ausdruck zu bringen, was sie bewegt, kann der Erzieher sie verstehen. Die beruflichen Qualifikationen, die hierzu erforderlich sind, vermittelt die gegenwärtige Erziehungswissenschaft nicht.

2. Die ideologische Verleugnung des Edukanden

Die Aussagen der heutigen Erziehungswissenschaft — sowohl in ihren allgemeinen als auch in den meisten ihrer speziellen Disziplinen — sind im Hinblick auf die Position des Menschen, der erzogen werden soll, erschreckend leer. Dieser Mensch ist ein Schatten, der sich nirgendwo im Lebenslauf befindet, kein Alter hat, auf keiner bestimmten Entwicklungsstufe steht, kein Selbstverständnis zur Geltung bringt, das sich verwirklichen will. Ein Schatten allerdings, der widerspruchslos und ungehemmt die Rollen spielt, die für ihn im Rahmen der Erziehungseinrichtungen organisiert worden sind, und die Leistungen erbringt, die man von ihm erwartet. In keiner anderen Sozialwissenschaft ist der Widerspruch zwischen den theoretischen Erwartungen und dem tatsächlichen Verhalten der zu erforschenden Subjekte so groß wie in der Erziehungswissenschaft. Der Naivität dieses sozialtechnischen Denkens entspricht die Heftigkeit des »Praxisschocks«, der die gutgläubigen Opfer dieser Mentalität befällt, wenn sie in ihrem Sinn verfahren wollen (3).

Die Zeiten, wo das zu erziehende Subjekt wenigstens nach seiner sozialen Herkunft »diskriminiert« worden ist, scheinen ebenso rasch wieder aus der Mode zu kommen wie die Zeiten, wo Schüler im Gefolge von Studenten ihr Interesse an »Emanzipation« demonstrierten, so daß ihnen im Zuge gruppendynamischer Mechanismen nicht wenige Erziehungstheoretiker und -praktiker hörig wurden. Der emanzipierte Partner, für den die aus jener Protestbewegung erwachsenen »kritischen Theorien« der Erziehung gesprochen haben, war ja schon mündig, brauchte gar nicht mehr erzogen zu werden und verbarg seine persönlichen Probleme hinter der Kritik der spätbürgerlichen Gesellschaft, Bevormundungen der Arbeiterklasse, utopischen Projektionen von einer schönen neuen Welt und anderen Neutralisationstechniken. Die erheblichen Entwicklungsprobleme und Identitätskrisen, Rollenkonflikte und Lernhemmungen, die er hatte, wurden hinter der Charaktermaske pseudorevolutionärer Attitüden und dem gesellschaftskritischen Vokabular verstimmter Mentoren den gut gemeinten Absichten erzieherischer Hilfe oft mit großem taktischen Geschick entzogen. Auf der Bühne der spätkapitalistischen Gesellschaft um jeden Preis eine abweichende Rolle zu spielen, auch wenn man ihr nicht gewachsen war, ist die Devise jener kurzen Epoche »stationärer Emanzipation« gewesen, die mehr wertvolle Institutionen zerstört als aufgebaut, mehr — alte wie junge — Personen in ihren Lebensläufen verstört als gefördert hat (4).

Dieses demonstrative Verhalten unterschied sich zwar in seinen Zielen, Inhalten und Ausdrucksweisen, nicht aber in seiner Grundstruktur von dem soziologischen Verhaltensmuster, das die modernen Erziehungsorganisationen und die sie reflektierenden Theorien beherrscht. In ihm muß der Edukand die bürokratisch vorgeschriebenen Rollen spielen und die utopisch konstruierten Curricula durchlaufen, ohne Rücksicht darauf, wie sein persönliches Leben wirklich verlaufen ist, welcher Lebensweg ihm vorschwebt, welchen der verordneten »Lernziele« er auf Grund seines Lebensalters und seiner Entwicklungsstufe nicht, noch nicht oder nicht mehr, gewachsen ist, welche individuellen Anlagen und im Lebenslauf erworbenen Fähigkeiten, Lernvoraussetzungen und Lernmotive er mitbringt. Was in den meisten Schriften zur allgemeinen wie zu einer speziellen Pädagogik, zur allgemeinen Didaktik wie zu einer Fachdidaktik über die Funktionen und Formen der Erziehung und des Unterrichts heute zu lesen ist, nimmt keine methodisch disziplinierte und systematisch artikulierte Rücksicht auf die Differenzen der Lernfähigkeit, die durch Lebensalter und Entwicklungsstufen, Lebensgeschichte und Lebensziele der betroffenen Personenkreise entstehen. Selbst die eigens zur Differenzierung des Unterrichts entwickelten Konzepte orientieren sich primär an Leistungskriterien, allenfalls noch an Interessenunterschieden oder Gesichtspunkten des sozialen Zusammenpassens. Besonders augenfällig wird die »Verleugnung des Kindes« in der modernen Pädagogik im Bereich der Vorschulerziehung, die im Grunde nur der Tendenz gehorcht, die Schule auch nach vorn auszudehnen und die Erziehung des Kindes im Vorschulalter als Zubringerfunktion für die Schule zu organisieren. Sogar in der Sozialpädagogik interessiert man sich heute mehr für die »*organisierte* Verfestigung abweichenden Verhaltens« als für die entwicklungs- und lebensgeschichtlich bedingten Gründe, die zu dem abweichenden Verhalten geführt haben (5). Nur auf wenigen Gebieten, die ex officio mit bestimmten Lebensaltern oder Entwicklungsstufen, organisch oder lebensgeschichtlich bedingten Lernbehinderungen und Verhaltensstörungen befaßt sind (wie z. B. die Kindergartenpädagogik, die Erwachsenenbildung und die Sonderpädagogik), gibt es noch curriculare Orientierungen, die eine Differenzierung der Erziehungsmethoden und Lerninhalte nach entwicklungspsychologischen und lebensgeschichtlichen Rücksichten ermöglichen. Diese Vernachlässigung der pädagogisch bedeutsamen Aspekte des Lebenslaufs liegt allerdings nicht nur an der Soziologisierung der

Pädagogik, sondern auch der Entwicklungspsychologie selbst. Die an sich notwendig gewordene Relativierung der organologischen Modelle der Persönlichkeitsentwicklung durch sozialisationstheoretische Konzepte hat durch die Vorherrschaft der Rollentheorie auf diesem Gebiet leider dazu geführt, das Kind mit dem Bade auszuschütten. Ich polemisiere damit notabene nicht gegen die Soziologie, sondern gegen die unkritische Verabsolutierung soziologischer Annahmen in der Pädagogik.

So muß in den gegenwärtigen Erziehungsverhältnissen ein Individuum schon sehr aus der Rolle fallen, wenn es seine Erzieher dazu bewegen soll, sich für seinen Lebenslauf zu interessieren. Diese Perspektive hat allenfalls »am Rande« der Pädagogik Beachtung gefunden. Die »devianten Karrieren«, mit denen sich die Sozialpädagogik beschäftigt, bezeichnen die Probleme, die das pädagogische Verstehen hier zu lösen hat, wenn Sozialarbeit helfen können soll. Von den Grenzgebieten des abweichenden und gestörten Verhaltens abgesehen, die es zur Kooperation mit psychoanalytischen Verfahren nötigen, ist das pädagogische Bewußtsein der Gegenwart für die Tiefendimension des Lebenslaufs nicht aufgeschlossen. Sie ist in den erborgten, zumeist soziologischen Denkformen, worin es seinen Gegenstand heute überwiegend reflektiert, deshalb nicht zu fassen, weil auch diese weitgehend die Möglichkeit verloren haben, den Menschen als Individuum und das Individuum in seinem Lebenslauf zu verstehen.

3. Die systematische Auflösung der Pädagogik

Die Kategorie des Lebenslaufs ist im Sinnhorizont der Erziehung gegenwärtig von jener Fiktion verdrängt worden, die man »Gesellschaft« nennt. Sicher ist die Erziehung »eine Funktion der Gesellschaft« und die Gesellschaft der *Raum*, in dem diese Funktion organisiert werden muß; aber die *Zeit*, die die Erziehung braucht, um »Individuen ihre höchste Gestaltung zu geben«, ist in der merkwürdig zeitlosen Kategorie der Gesellschaft schwer zu fassen (6). Zwar unterliegen auch Gesellschaften dem geschichtlichen Wandel, und deshalb gibt es eine Sozialgeschichte. Aber in ihrem vorherrschenden Verständnis als systematische Erfahrungswissenschaft hat die Soziologie »prinzipiell keinen Respekt vor historischer Individualität und Aufeinanderfolge. Sie ordnet die Daten der Geschichte und Gegenwart mit Hilfe eines unabhängigen Kategoriensystems, reorganisiert damit die historische Zeit, und sie sucht das einzelne Datum aus dem Allgemeinen zu erklären, verallgemeinernde Annahmen zu formulieren« (7). Demgegenüber muß man, um den Begriff der Erziehung unverkürzt bilden zu können, die Dimension der Gesellschaft um eine zeitliche Dimension ergänzen: den Lebenslauf des Individuums, das erzogen werden soll, wird und worden ist. Nur in einer solchen idealtypischen Konstruktion eines gesellschaftlichen Raumes, der im Lebenslauf die Zeit bekommt, um das Individuum zu bilden, ist Erziehung sowohl als gesellschaftliche wie auch als lebensgeschichtliche Bedingung dieses Bildungsprozesses — neben anderen — zu begreifen. In der Dimension der Gesellschaft allein kann die Erziehung weder in der Wirklichkeit noch in der Theorie Zusammenhang gewinnen, und zwar um so weniger, je komplexer die Gesellschaft ist.

Nirgendwo zeigt sich das deutlicher als in den gegenwärtigen Erziehungsverhältnissen. So wie die Erziehungspraxis in eine Mannigfaltigkeit beziehungslos nebeneinanderher arbeitender Organisationen, »Handlungsfelder« und »Projekte« zerfallen ist, hat auf der theoretischen Ebene eine noch immer fortschreitende Differenzierung der Pädagogik in eine Vielzahl von Spezialdisziplinen stattgefunden, deren Forschung und Theoriebildung nicht mehr koordinierbar sind. Eine Theorie der Erziehung, die diese auseinanderlaufenden Konzepte zu integrieren vermöchte, liegt in weiter Ferne. Wir haben heute aus anderen Sozialwissenschaften übernommene »Theorien zum Erziehungsprozeß«, aber keine Theorie der Erziehung mehr. Die Prophezeiung »Von der Pädagogik zur Eziehungswissenschaft« hat sich nicht erfüllt (8). Vielmehr ist die Auflösung der Pädagogik in »Erziehungswissenschaft*en*« manifest: nach innen in Spezialdisziplinen, nach außen in die angrenzenden Humanwissenschaften. Was sich inzwischen als »pädagogische Anthropologie« durchgesetzt hat, ist Ausdruck der Auflösung der Pädagogik in jene Nachbardisziplinen, die als Grund- oder Hilfswissenschaften ursprünglich nur die Aufgabe hatten, der pädagogischen Theorie die anthropologischen Grundbegriffe genauer zu erläutern, die sie zur Bildung des Erziehungsbegriffs benötigt. Zwischen den Bedenken der Metatheorie und den Bedenkenlosigkeiten der direkten Aktion kommt die Pädagogik heute kaum mehr zur Sache: zu einem Begriff der Erziehung, der anthropologisch begründet und moralisch vertretbar, forschungsproduktiv und praktisch realisierbar ist.

Inzwischen vermag das pädagogische Denken jene Leihgaben anderer Wissenschaften nicht mehr zusammenzuhalten, weil es die Perspektive verloren hat, in der die gesellschaftliche Organisation der Erziehung als lebensgeschichtlicher Zusammenhang rekonstruiert werden kann. Deshalb ist es heute so schwierig geworden, dem Wort »Erziehung« einen spezifischen Sinn zu geben, der seine Verwendung neben dem Gebrauch des Wortes »Sozialisation« nicht überflüssig macht. Wer versucht, die Intention der Eziehung in beobachtbare Verhaltensweisen umzusetzen, die sie zum Ausdruck bringen, gerät in Verlegenheit. So hat es die moderne Didaktik z. B. längst aufgegeben, dem Lehrer zu verdeutlichen, in welchem Sinne seine Tätigkeit als Erziehung zu verstehen ist. Gleichermaßen versteht sich der Sozialarbeiter heute eher als Sozialtherapeut denn als Sozialpädagoge, geschweige denn als Erzieher. Der Ausdruck »Erzieher« ist als Berufsbezeichnung, wo nicht überhaupt obsolet geworden, mit einem diskriminierenden Beiklang behaftet. Die soziologischen Grundbegriffe, die derzeit als Oberbegriffe zur Definition des Erziehungsbegriffs in Mode sind: Erziehung als »kommunikatives Handeln«, »Interaktion«, gesellschaftliche »Reproduktion«, »Sozialmachung«, aber auch »Emanzipation«, sagen mehr darüber, was die Autoren von Soziologie und Sozialpsychologie oder Politologie verstehen, als was sie von Pädagogik verstehen, mehr, was Erziehung mit jenen soziologischen Kategorien gemeinsam hat, als was sie davon unterscheidet. Daß solche Konzepte nützlich sind, um die überlieferten Vorstellungen vom »pädagogischen Bezug« zu präzisieren, soll hiermit keineswegs in Zweifel gezogen werden. Nur sollte man sich darüber klar sein, daß man mit solchen Konzepten Erziehung nicht anders denn als Prozeß gesellschaftlicher »Außenlenkung« begreifen kann, aber nicht als den Prozeß der lebensgeschichtlichen »Innenlenkung«, die dadurch geschieht, daß das Individuum sich in seinem Lebenslauf die Zeit nimmt, die Erziehung, die ihm die Gesellschaft gibt, subjektiv zu verarbeiten und selbst zu verwirklichen (9).

4. *Die szenische Verkürzung der Erziehung*

Wenn die Erziehung um die Dimension des Lebenslaufs verkürzt wird, ist sie nur noch im *Tageslauf* als eine Folge isolierter Szenen faßbar, die allenfalls in den Curricula der Erziehungseinrichtungen noch einen gewissen Zusammenhang behalten. In diesen täglichen Erziehungsszenen treten die Beteiligten als Rollenspieler auf, die einem Drehbuch folgen. Zwar ist auch in diesem dramaturgischen Paradigma der Erziehung in hohem Maße die Mitwirkung der zu erziehenden Individuen gefordert, aber das entscheidende Kriterium für den Erfolg dieser Mitwirkung ist nicht die Bedeutung, die sie für den lebensgeschichtlichen Bildungsprozeß der betreffenden Individuen gewinnt, sondern die Bedeutung, die sie für das Gelingen des jeweiligen pädagogischen Schauspiels hat. Selbstverwirklichung wird reduziert auf das, was man in den wechselnden Szenen aus den Rollen zu machen vermag, die einem hier zugeschrieben werden; sie ist nur noch als »Selbstdarstellung« gefordert. In diesen pädagogischen Erscheinungsformen des »Verhaltens auf öffentlichen Plätzen« ist das Individuum allenfalls nur noch als »Fortbewegungseinheit« und als »Partizipationseinheit« gefragt und nicht mehr als jemand, der seine ganze Wirklichkeit erst in seiner Lebensgeschichte enthüllt (10). Die persönliche Identität, die der Edukand als Ergebnis seiner bisherigen Lebensgeschichte ausgeprägt hat, ist in den Rollenerwartungen, denen er z. B. in der Schule täglich entsprechen muß, kaum produktiv zur Geltung zu bringen, weil etwas ganz anderes erwartet wird: das Befolgen der Regeln und Rituale, die den reibungslosen Ablauf der Unterrichtsstunden garantieren. Wer sich in dieser Hinsicht am besten in Szene setzen kann, vollbringt die Leistungen, die am höchsten belohnt werden.

Das präskriptive Curriculum der Schule schreibt den Stundenplan und den Plan der Stunde vor, und in den knappen »Zeit-

Budgets« dieser Programme lassen die Lehrern und Schülern zugeschriebenen Rollen wenig Spielraum für den Ausdruck individueller Bedürfnisse (11). Lehrer und Schüler sind bei dem, was im Unterricht vorzuführen ist, abwechselnd Darsteller und Zuschauer, und manchmal sind sie beides zugleich (z. B. wenn die Schüler nicht nur rezeptiv verfolgen, was der Lehrer darstellt, sondern in einer unterrichtlichen Szene auch als Mitwirkende auftreten). Im Unterschied zum Theater ist dieser regelmäßige Rollenwechsel bzw. die Gleichzeitigkeit von Darsteller- und Zuschauersein für den Schauplatz der Schule und anderer Erziehungsfelder konstitutiv: für alle, wo Erziehung auf ein mimetisches Paradigma angewiesen ist, d. h. wo Erziehung — einfach gesagt — auf Vormachen und Nachmachen, auf demonstrativer Reproduktion und demonstrativer Identifikation beruht. In diesem Zusammenhang gewinnen die Ausdrücke »Aktion« und »Interaktion« einen spezifischen Sinn: sie bezeichnen die demonstrativen Verhaltensweisen, die erforderlich sind, um darzustellen, was gelernt werden soll, um dieses lernend nachzuvollziehen und um nachzuweisen, was gelernt worden ist, aber auch um durch Übung dieses Können nachweislich zu verstärken. Die pädagogische Aktion wird immer dann zur Interaktion, wenn die Darsteller zugleich Zuschauer sind, wenn die Beteiligten den Erziehungsvorgang in irgendeiner aktivitätspädagogischen Form als »Rollenspiel« in Szene setzen (12).

5. Die methodische Ausklammerung individueller Verhaltensweisen

Für die Dramaturgie dieser pädagogischen Aktionen, selbst wenn sie den lockeren Drehbüchern »offener Curricula« folgen, ist es nun in einem definitiven Sinne kennzeichnend, daß sie den Rollenspielern keine Zeit für »lyrische« oder »epische« Äußerungen lassen. Um zu verdeutlichen, was hiermit gemeint ist, braucht man sich nur vorzustellen, wie empfindlich der Ablauf der Szene gestört wird, wenn ein Lehrer plötzlich einen Wutanfall bekommt oder wenn ein Schüler zu weinen beginnt, weil er die Aufgabe nicht kann. Oder man stelle sich vor: ein Schüler, wegen Unaufmerksamkeit zur Ordnung gerufen, beginnt und hört nicht auf zu erzählen, was ihn bewegt, wovor er Angst hat, was ihm gestern passiert ist, was gerade seine Phantasie beschäftigt. In Interaktionen, welche zur Verwirklichung ihrer Ziele *demonstrative* Verhaltensweisen erfordern, ist für *expressive* und für *narrative* Verhaltensweisen strenggenommen gar kein Raum, es sei denn, daß der Gefühlsausdruck für die Darstellung der Rolle (z. B. Freundlichkeit als Attribut der Lehrerrolle) und die Erzählung für die Darstellung des Sachverhalts (z. B. historischer Gegenstände) eine Funktion hat. Aber auch dann gilt: die Erzählung stoppt die Interaktion. Wenn er sich mit seiner Absicht durchsetzt, macht der Erzähler die anderen Anwesenden zu Zuhörern. Es entsteht eine soziale Situation, die mit der des Rollenspiels, sowohl mit dem Verhältnis der Darsteller zueinander als auch mit dem Verhältnis zwischen Darstellern und Zuschauern, unverträglich ist. Der fiktive Schauplatz der Erzählung liegt irgendwo anders als der faktische Schauplatz der Interaktion. Die Zeit, die die Erzählung braucht, ist für die Interaktion verloren. Das »narrative Verstehen«, das den Sinn einer Geschichte nachvollzieht, ist ein anderes als das »szenische Verstehen«, durch das die Personen den Konsens aufrechterhalten, der die Interaktion ermöglicht (13).

Umgekehrt gilt: wenn die Interaktion beginnt, hört das Erzählen auf. Die in einer Szene auftretenden Personen können im Zuge des Aktionsprogramms, das der Szene ihren Sinn gibt, nur interagieren, wenn sie die »persönlichen« Geschichten, die sie bewegen oder hemmen, unter Kontrolle halten, gleichsam hinter der »Maske« verbergen, die sie in ihrer Rolle zu tragen haben. Dennoch kommen diese Geschichten, die den lebensgeschichtlichen Hintergrund der Darsteller bilden, als *Motive* in deren individuellem Verhalten — im Rahmen der Darstellung, die sie geben, aber nicht selten quer zu deren Intention — leibhaftig zum Ausdruck, wenn auch dem Darsteller selbst zumeist nicht bewußt und den Außenstehenden in ihrem individuellen, lebensgeschichtlichen Sinn in der Regel nicht unmittelbar verständlich. Der schleppende Gang, die verkrampfte Haltung, der ängstliche Gesichtsausdruck, die stotternde Sprechweise — alle diese unwillkürlichen Reaktionen, die bei der Darstellung der Rolle zum Ausdruck kommen, obwohl sie darin nicht vorgeschrieben sind, können der Ausdruck von Geschichten sein, die das Individuum beim Spielen seiner Rolle bewegen oder hemmen. Jede Rolle läßt so dem Ausdruck individueller Regungen und subjektiver Intentionen einen mehr oder weniger großen, aber immer durch die Rollenerwartung begrenzten Spielraum. Dieses expressive Verhalten muß sich jedoch dem demonstrativen Verhalten, wie es das Rollenspiel verlangt, unterordnen. Wenn das nicht mehr gelingt: wenn das expressive Verhalten im Zuge eines übermächtigten Antriebs die Bindungen des demonstrativen Verhaltens durchbricht, fällt das Individuum aus der Rolle. Es begegnet dann in einer unvorhergesehenen Weise, die die anderen Beteiligten in ihren Rollen in Frage stellen kann. Die Interaktion wird dann zur Begegnung (14).

Diese phänomenologischen Betrachtungen sollen verdeutlichen, daß es in Erziehungsverhältnissen, die das Prinzip der Interaktion beherrscht, schwierig ist, neben den demonstrativen Verhaltensweisen, die das Rollenspiel von Lehren und Lernen erfordert, für narrative Verhaltensweisen Zeit zu gewinnen, in denen der Edukand die Möglichkeit bekommt, die Geschichten seines Lebenslaufs zu erzählen, die ihn bewegen oder hemmen, und dem Erzieher damit die Möglichkeit zu geben, ihm den lebensgeschichtlichen Sinn dieser Geschichten besser verständlich zu machen, als er es selber gegenwärtig vermag. Wenn der in der menschlichen Natur liegende Antrieb zur erinnernden Erzählung unterdrückt wird, fehlt dem Individuum ein unersetzliches Mittel seiner Bildung: das narrative Verstehen, das es instandsetzt, den widersprüchlichen Erfahrungen seines Lebenslaufs einen subjektiven Sinn zu geben bzw. von seinen Erziehern geben zu lassen und in sein Selbstverständnis aufzunehmen. Dieses narrative Verhalten ist auch deshalb unersetzlich, weil es die Voraussetzung dafür bildet, die erzählende Vergewisserung des Vergangenen in Formen der Wunschphantasie, des Tagtraums, des Vorsatzes und Vorhabens, der Planung und der Hoffnung in die Zukunft hinein, den künftigen Lebenslauf entwerfend, fortzusetzen. Aus der Wechselwirkung zwischen der *narrativen* und der *projektiven* Verhaltensweise entsteht und verändert sich fortlaufend das Selbstverständnis, diese reflektierende Instanz der subjektiven Verarbeitung der Lebenserfahrungen, ohne die kein Mensch sein Leben verantwortlich führen und ohne die er keine persönliche Identität gewinnen kann (15).

Damit sollen die *demonstrativen* Verhaltensweisen nicht entwertet, sondern nur relativiert werden. Denn auch sie benötigt das Individuum für seine Bildung unbedingt, weil sie ihm ermöglichen, die kulturellen Lebensformen im demonstrativen und deshalb kontrollierbaren und korrigierbaren Nachvollzug der Vorbilder zu übernehmen, die ihm andere Menschen im Rollenspiel der Interaktion vor Augen führen und die seine Erzieher ihrerseits demonstrativ in Szene setzen. Dieses beobachtende und nachahmende »Lernen am Modell« ist neben dem »Lernen durch Bekräftigung« (reinforcement) die zweite Grundform des Lernens, seine eigentlich menschliche Grundform, aus der die höheren mit Symbolen operierenden Formen des Lernens hervorgehen (16). Aber weder das imitative noch das operative Lernen kommt ohne motivierende Verstärkungen bzw. hemmende Versagungen aus, die durch *expressive* Verhaltensweisen Gefühle zum Ausdruck bringen und hervorrufen. Diese Verstärkungen und Versagungen erfährt der Mensch in der Interaktion mit den anderen Menschen im Rahmen der sozialen Beziehungen, Gruppen und Organisationen, durch die sein Leben verläuft. Da die soziale Interaktion aber auf Konsens angewiesen ist, um zu funktionieren, müssen die Beteiligten ihr Rollenspiel immer dann unterbrechen, wenn sein Sinn fragwürdig wird. Dann werden *explikative* Verhaltensweisen erforderlich. Deren soziale Grundform ist das Gespräch.

Das Gespräch hat im Zusammenhang der aufgeführten Verhaltensweisen, die das Individuum zu seiner Bildung benötigt, eine einzigartige Funktion. Sie besteht darin, daß das Gespräch die Chance bietet, zwischen den narrativen und projektiven, demonstrativen und expressiven Verhaltensweisen zu vermitteln. Diese vier basalen Modi des Lernens und der Erziehung als Lernhilfe können im Gespräch aufgehoben, aber auch in Gang gesetzt werden. Das zeigt sich mit funktioneller Zwangsläufigkeit immer dann, wenn man versucht, das Gespräch als Form pädagogischer Interaktion zu benutzen. Dann passiert folgendes: wenn es kein gespieltes, sondern ein wirkliches Gespräch ist, bringt es Unordnung in den programmierten Ablauf der Szene (z. B. der Unterrichtsstunde), weil die dialogische Intention, der es folgt, seinen Verlauf und sein Ende unabsehbar macht. Dafür aber bietet das Gespräch die Chance, den zweifelhaft gewordenen Sinn des Rollenspiels zum allgemeinen Konsens zurückzubringen, neue Spielregeln zu begründen, ein neues Programm aufzustellen und damit die Voraussetzungen für die Inszenierung eines neuen Spiels zu schaffen. Aus dem Gespräch kann so die Motivation zu demonstrativem Verhalten erwachsen: Wenn wir uns nicht einigen können, beschließen wir, ein Experiment zu machen, um zu demonstrieren, wer recht hat. Das Gespräch hat auch Zeit genug für die Erzählung einer Geschichte, die einen Beteiligten bewegt; und im Gespräch führen wir den Gefühlsausbruch, der einen hat aus der Rolle fallen lassen, auf die Geschichte zurück, die ihn dazu getrieben hat. Im Gespräch wird es möglich, durch die Analyse der Erzählung vergangener Geschichten den Sinn von unverstanden zurückgebliebenen Szenen zu erschließen, Triebwünschen einen produktiven Sinn zu geben, Hoffnungen zu machen, Mut zuzusprechen und Erwartungen zu bekräftigen (17). — Damit ist deutlich, welche Möglichkeiten prinzipiell bestehen, die Erziehungspraxis für die Dimension des Lebenslaufs zu öffnen.

6. Die sozialtechnische Neutralisierung des Individuums

Wenn es jedoch auf Grund institutioneller Zwänge nicht gelingt, das Prinzip der pädagogischen Interaktion durch das Prinzip des pädagogischen Gesprächs zu relativieren, können diese Zwänge, denen das Individuum im institutionell sanktionierten Rollenspiel der öffentlichen Erziehungseinrichtungen unterworfen ist, auf die Dauer nicht ohne negative Folgen bleiben. Die hierdurch entstehenden »Probleme der biographischen Organisation von Identität im szenischen Arrangement der Schule« wie der meisten anderen Erziehungsfelder kommen in Gestalt von Disziplinkonflikten, passivem oder aggressivem Aus-der-Rolle-Fallen, Kommunikationsschwierigkeiten, Leistungsversagen, Verhaltensstörungen und dergleichen aktuell zum Ausdruck (18). Daraus rekrutieren sich dann die Fälle, die heute in so beunruhigend großer Zahl die Erziehungsberatungsstellen, die sonderpädagogischen Einrichtungen und die psychotherapeutischen Praxen beschäftigen. Den Fällen, um die es hier geht, ist das Merkmal gemeinsam, daß die betroffenen Menschen in ihren Rollen als Edukanden *Darstellungsprobleme* haben. Sie können nicht darstellen, was in der pädagogischen Interaktion von ihnen erwartet wird. In diesen Darstellungsproblemen kommt zum Ausdruck, was der einzelne in den vorgeschriebenen Szenen nicht darstellen kann, weil er subjektiv nicht dazu in der Lage ist, oder nicht darstellen darf, weil es die Spielregeln verbieten. So sind sie Ausdruck der jeweils ganz individuell ausgeprägten Tatsache, daß diese Edukanden den demonstrativen Verhaltensweisen, die ihre Rolle von ihnen fordert, nicht gewachsen sind, weil man sie überfordert hat, oder daß sie eine Erfahrung hemmt, die sie aus irgendeinem lebensgeschichtlichen Grund subjektiv noch nicht zu verarbeiten vermochten. Ich fasse diese Phänomene allgemein im *Begriff der Lernhemmung* zusammen (19). Solche Lernhemmungen sind an der szenischen Oberfläche der pädagogischen Interaktionen, in deren Verlauf sie in Erscheinung treten, nur zu beschreiben, aber nicht zu verstehen, weil sie im präskriptiven Curriculum, das der Szene ihren Ablauf vorschreibt, nicht vorgesehen, ja überhaupt nicht vorhersehbar sind.

Deshalb schlage ich vor, den Lebenslauf als die »curriculare« Dimension einzuführen, die in Aussicht stellt, solche Lernhemmungen in einem zeitlichen Horizont verstehen zu können, der beständiger und umfassender ist als die partiellen Perspektiven wechselnder pädagogischer Szenen. Wenn man die Personen, die in einer pädagogischen Szene auftreten, in der Dimension des Lebenslaufs betrachtet, kommt zum Vorschein, daß sich hinter jeder Person ein Individuum verbirgt, das sich nicht nur in einem bestimmten Lebensalter und auf einer bestimmten Entwicklungsstufe seiner leiblichen und seelischen Anlagen befindet, sondern auch auf einer bestimmten subjektiven Verarbeitungsstufe seiner Lebenserfahrungen und deshalb eine Lebensgeschichte zu erzählen hat, für die im vorgeschriebenen Ablauf der pädagogischen Szene keine Zeit vorhanden ist. Die subjektiven »Lernziele«, die in der Dimension des »curriculum vitae« Bedeutung haben, sind in den fiktiven Zielprojektionen der scholastischen Curricula solange nicht zu fassen, wie diese nicht biographisch (im Sinne einer idealtypischen Konstruktion des Lebenslaufs), sondern nur soziologisch an Qualifikationen orientiert sind, die sich allein aus Rollen- und Leistungserwartungen gesellschaftlicher Organisationen rechtfertigen. Ob man dabei deren bestehenden Zustand oder die Utopie einer besseren Gesellschaft im Auge hat, ändert nichts an der prinzipiellen Vernachlässigung der biologischen und anthropologischen Kategorien, die für das Verständnis der Bildung des Individuums in seinem Lebenslauf maßgebend sind. Sie sind dem soziologischen Verstehen, das sich auf die Feststellung der »gesellschaftlichen Funktionen von pädagogischen Interaktionen« beschränkt, verschlossen (20). Es ist in diesem Zusammenhang bezeichnend, daß in einem der Ansätze, die das pädagogische Denken in den letzten Jahren am stärksten beeinflußt haben, das Verstehen menschlichen Verhaltens in der aktuellen Kommunikation aus Erlebnissen, die in der Vergangenheit der Beteiligten liegen, ausdrücklich ausgeschlossen, weil in seinem Wert bezweifelt wird: »Es handelt sich . . . um eine Suche nach Strukturen im Jetzt und Hier statt nach symbolischen Bedeutungen, Ursachen in der Vergangenheit oder intrapsychischen Motivationen.« (21)

In dem Maße, wie Erziehungspraxis und Erziehungsforschung solchen behavioristischen Paradigmen folgen, vermögen sie die entwicklungspsychologischen und lebensgeschichtlichen Bedingungen des Lernens nicht mehr zu berücksichtigen, geschweige denn das Bedürfnis der lernenden Menschen, den Lerninhalten im Horizont ihres Lebenslaufs eine für ihre Selbstverwirklichung fruchtbaren subjektiven Sinn zu geben. Dann gewinnt das pädagogische Denken zwar die Fiktion einer unbegrenzten Lernfähigkeit des Menschen im Sinn einer Anpassungsfähigkeit der menschlichen Natur an jede Lebensbedingung, die technisch möglich ist. Aber der Preis, den eine »Erziehung« nach diesen sozialtechnischen Manipulationsmodellen die Individuen dafür bezahlen läßt, ist hoch. Eine solche »Lernhilfe« ruft mehr Lernhemmungen hervor, als sie behebt, Lernhemmungen, die die

Menschen nicht stark, sondern schwach werden lassen, weil sie abhängig machen, Wachstumspotentiale schädigen, Antriebe frustrieren, Gefühle verletzen und Symbole zerstören.

Eine derart pervertierte Erziehung muß an den Schäden, die sie zufügt, scheitern. Denn sie versucht, sich methodisch darüber hinwegzusetzen, daß die Lernfähigkeit eines Menschen nicht nur eine Funktion seiner gesellschaftlichen Lebensbedingungen und ihrer kulturellen Angebote ist, sondern auch eine Funktion seiner individuellen Veranlagung, seiner biologischen Wachstumsphasen, seiner lebensaltersspezifischen Entwicklungsstadien, seiner lebensgeschichtlichen Bildungsprozesse und seines Selbstverständnisses als des persönlichen Lebensentwurfs, nach dem er sich fortlaufend zu verwirklichen strebt. Alle diese curricularen Faktoren und Prozesse muß eine anthropologische Pädagogik in Rechnung stellen, die sich auf Grund dieser in der menschlichen Natur liegenden Bedingungen in Form einer biographischen Erziehungstheorie um die phänomenologische Beschreibung und systematische Rekonstruktion der Erscheinungsformen bemüht, worin die Erziehung im Lebenslauf des Individuums ihre Funktionen erfüllt.

Anmerkungen:

1 O. F. Bollnow: Das Verstehen. Mainz 1949, S. 7–33.

2 O. F. Bollnow: Vom Geist des Übens. Freiburg/Basel/Wien 1978.

3 Arbeitsgruppe Aumeister: Der Praxisschock. München/Berlin/Wien 1976.

4 W. Loch: Die stationäre Emanzipation. In: F. Neidhardt et al.: Jugend im Spektrum der Wissenschaften. München 1970, S. 229–251.

5 W. Loch: Die Verleugnung des Kindes in der evangelischen Pädagogik. Essen 1964. Diese Richtung war ein Vorläufer der gegenwärtigen Entwicklungen. – Chr. Bonstedt: Organisierte Verfestigung abweichenden Verhaltens. München 1972. – F. Kümmel et al.: Vergißt die Schule unsere Kinder? München 1978.

6 W. Dilthey: Gesammelte Schriften, Bd. IX. Stuttgart/Göttingen 1960, S. 191 f.

7 R. Dahrendorf: Gesellschaft und Freiheit. München 1961, S. 53.

8 K. Mollenhauer: Theorien zum Erziehungsprozeß. München 1972. W. Brezinka: Von der Pädagogik zur Erziehungswissenschaft. Weinheim/Berlin/Basel 1971.

9 D. Riesman: Die einsame Masse. Hamburg 1958.

10 E. Goffman: Das Individuum im öffentlichen Austausch. Frankfurt 1974, S. 23 ff. – Ders.: Interaktionsrituale. Frankfurt 1971. – Ders.: Wir alle spielen Theater. Die Selbstdarstellung im Alltag. München 1969.

11 A. Szalai (Hrsg.): The Use of Time. Den Haag/Paris 1972.

12 U. Rapp: Handeln und Zuschauen. Darmstadt/Neuwied 1973. – U. Coburn-Staege: Lernen durch Rollenspiel. Frankfurt 1977.

13 Das »szenische Verstehen«, das Lorenzer als Aufgabe des psychoanalytischen Verstehens beschreibt, ist demgegenüber lebensgeschichtlich vermittelt. Vgl. A. Lorenzer: Sprachzerstörung und Rekonstruktion. Frankfurt 1970, S. 104 ff.

14 K. Löwith: Das Individuum in der Rolle des Mitmenschen. Darmstadt 1962. – W. Loch: Die Struktur der Begegnung im Horizont der Erziehung. In: B. Gerner (Hrsg.): Begegnung. Darmstadt 1969, S. 295–405.

15 O. F. Bollnow: Das Verhältnis zur Zeit. Ein Beitrag zur pädagogischen Anthropologie. Heidelberg o. J. — W. F. Neubauer: Selbstkonzept und Identität im Kindes- und Jugendalter. München/Basel 1976.

16 A. Bandura: Lernen am Modell. Stuttgart 1976.

17 W. Loch: Beiträge zu einer Phänomenologie von Gespräch und Lehre. In: Bildung und Erziehung 15 (1962), S. 641—661. — O. F. Bollnow: Das Doppelgesicht der Wahrheit. Stuttgart 1975, S. 28—71. — Ders.: Sprache und Erziehung. Stuttgart 1966, S. 22—72.

18 F. Wellendorf: Schulische Sozialisation und Identität. Weinheim/Basel 1973, S. 177 ff.

19 W. Loch: Enkulturation als anthropologischer Grundbegriff der Pädagogik. In: Bildung und Erziehung 21 (1968), S. 161—178. — K. Singer: Lernhemmung, Psychoanalyse und Schulpädagogik. München 1970.

20 D. Ulich: Pädagogische Interaktion. Weinheim/Basel 1976, S. 193 ff.

21 P. Watzlawick / J. H. Beavin / D. D. Jackson: Menschliche Kommunikation. Bonn/Stuttgart 1969, S. 46.

Rudolf Lengert
Theorie einer unpolitischen Befreiung des Menschen
Zu Fichtes »Lebenslehre«

Ein Kernstück der Philosophie Fichtes ist seine »Lebenslehre«: Den Menschen zu lehren, wie er sich, unabhängig von den Mitteln der Politik, aus kritikwürdigen Umständen befreien und seinem Leben uneingeschränkt zustimmen kann.

Die Befreiung des Menschen aus widrigen Lebensbedingungen und niederdrückender Lebensverdrossenheit bedachte Fichte sowohl in einer politischen als auch einer unpolitischen Richtung. Während man mit einem politischen Freiheitsbegriff heute sofort einen Inhalt verbinden kann, kann man sich unter einem unpolitischen Freiheitsbegriff kaum etwas vorstellen. Man denkt vielleicht an eine psychotherapeutische Hilfe, die einem seelisch kranken Menschen gewährt wird. Die »Lebenslehre« Fichtes geht jedoch ganz andere Wege. Sein unpolitischer Freiheitsbegriff dürfte in dem Maße wieder interessant werden, wie sich die Einsicht durchsetzt, daß die Lebensprobleme des Menschen nur zu einem Teil mit dem Mittel der Politik oder der Außenhilfe durch die Psychotherapie gelöst werden können.

Fichte stellt seine »Lebenslehre« vor allem in seinen beiden Werken mit den heute befremdlichen Titeln vor: »Die Bestimmung des Menschen« (1800) und »Anweisung zum seligen Leben« (1806). Die Bestimmung des Menschen ist es, aus freier Entscheidung dem Leben zustimmen zu können — er wird auch »angeleitet«, wie er zu einer solchen bejahenden Einstellung zum Leben gelangen kann. In unserer Zeit wird das »kritische Bewußtsein« sehr hoch geschätzt. Fichte würde dies nicht bedauern. Er hat selbst sehr kritisch die soziale Frage bedacht. Aber hierbei das Erfordernis eines »bejahenden Bewußtseins« völlig zu vergessen, hätte er sehr bedauert, weil das kritische Bewußtsein nie glücklich machen kann.

Wir denken uns in die von Fichte aufgeworfene Problematik mit dem Satz ein:

»*Ich selbst will mich machen zu dem, was ich sein werde*« (Werke II, S. 193)*

Mit diesem Satz aus »Die Bestimmung des Menschen« hebt Fichte im Sinne einer entschiedenen Willensäußerung hervor, daß er *selbst* sich zu dem machen will, was er einmal sein wird, und ihn nicht etwa die andern oder die äußeren gesellschaftlichen Umstände bestimmen. Der moderne Mensch kann mit einem solchen Satz wenig verbinden und rückt ihn sich vermutlich im Sinne äußerer Lebensführung zurecht, so als habe Fichte daran erinnern wollen, daß doch jeder »etwas aus sich machen« möchte, etwa hinsichtlich seines Berufs und seiner Lebensstellung. Fichte meint diesen Satz viel entschiedener: Jedes Individuum macht sich selbst zu einer bestimmten Person mit spezifischen Charakterzügen, speziellen Lebensproblemen und individueller Einschätzung des Lebens. Nach Fichte tut dies jedes Individuum. Aber es tut es nicht ausdrücklich. Es kommt darauf an, um diese Tatsache zu wissen und sie zum ausdrücklichen Thema des Wollens zu machen. Insofern ist für Fichte der Wille, sich selbst zu machen, kein verspielter Wunsch, den man gerne hegt, aber leider nicht realisieren kann, sondern ein ernst gemeintes individuelles Lebensprogramm. Wer darum weiß, daß er sich ohnehin selbst macht, hat auch die Chance, hierbei einen Spielraum für Freiheit wahrzunehmen – dies ist die »Bestimmung des Menschen«.

Wer in den modernen sozialwissenschaftlichen Denkgewohnheiten befangen ist, wird über eine solche Zielsetzung individuellen Lebens schmunzeln, sie als frommen Wunsch abtun und auf den »Fortschritt der Sozialwissenschaft« hinweisen, die inzwischen längst weiß, daß der Mensch von den gesellschaftlichen Bedingungen und dem sozialen Milieu geprägt wird. Diese Abhängigkeit wird zwar als Einschränkung möglicher Freiheit anerkannt, aber kaum noch bedauert. Das Programm

---

* Zitiert nach der von Immanuel Hermann Fichte besorgten Gesamtausgabe 1834—1846.

für die Befreiung des Menschen kann in dieser Sicht nur über die politische Veränderung der gesellschaftlichen Bedingungen laufen.

Für Fichte ist dagegen der Gedanke, von äußeren Bedingungen bestimmt zu sein, unerträglich. Er bekennt, daß ihn der Gedanke, es läge der »Grund meines Seins und der Bestimmung meines Seins *außer mir selbst* . . . heftig zurückstieß« (a. a. O., S. 191). Wenn sich der Mensch nicht mehr als das Subjekt seines Lebens, sondern als das Produkt und damit als das Objekt seiner äußeren Umstände begreifen müßte, weil ihn die Wissenschaft so belehrt, fühlte sich Fichte als Mensch verletzt und beschämt. Dies wäre vollends dann der Fall, wenn auch noch die Verantwortlichkeit für persönliche Handlungen nach außen verlagert würden, wie dies heute vielfach geschieht, wenn Straftaten mit widrigen Milieuumständen entschuldigt werden. Eine solche Verlagerung persönlicher Verantwortung in die sozialen Lebensbedingungen hat Fichte empört abgewiesen: »Daß ich bestimmt sein sollte, ein Weiser und Guter, oder ein Tor und Lasterhafter zu sein, daß ich an dieser Bestimmung nichts ändern . . . sollte, dies war es, was mich mit Abscheu und Entsetzen erfüllte« (ebd.).

Man kann das Entsetzen Fichtes auf die mögliche Außenbestimmung des Menschen nicht so nebenbei abtun, als dächte Fichte eben noch nicht modern und hätte von den Einsichten der modernen Sozialwissenschaft noch nichts wissen können. Daß der Mensch in soziale Bedingungen hineingestellt ist und somit ein »gesellschaftliches« Wesen ist, war auch schon für Fichte ein bereits altes Gedankengut. Aber die gesellschaftlichen *Bedingungen,* in denen ein Individuum steht, bestimmen ihn nicht in der Weise, daß daraus eine gesellschaftliche *Bedingtheit* unterstellt werden kann, wie dies mit dem Satz »der Mensch ist das Produkt und Geschöpf seiner sozialen Umwelt« getan wird. Der in unseren Tagen geläufige Satz, der Mensch wäre das »Produkt seines Milieus«, geht auf eine unstatthafte Interpretation statistischer Daten zurück. Man kann nämlich nicht eine statistische Häufigkeitsverteilung und damit ein statistisch ermitteltes Standardverhalten von Mitgliedern eines Milieus in den Kausalsatz umwandeln, das Milieu bestimme den Menschen und mache ihn zu seinem Geschöpf. Diese Mißdeutung liegt nahe, wenn man dem Versuch nicht widerstehen kann, ein statistisch ermitteltes Standardverhalten auch zu »erklären«. Man »erklärt« das einheitliche Verhalten durch die Einheitlichkeit und Homogenität des Milieus. Über ein solches Verfahren wissenschaftlicher Erklärung hätte sich Kant schon sehr gewundert. Für Standardabweichungen macht man bei solcher Verfahrensweise dann spezielle, nicht näher erfaßte Sozialbedingungen verantwortlich. Dies ist ein unstatthafter und naiver Kausalbegriff, der allerdings durch die »Sozialisationstheorie« thematisch stabil gehalten wird und damit glaubwürdig erscheint.

Das Normalverhalten war für Fichte der Sache nach keine Neuigkeit. Es wurde von ihm vielmehr sehr lebhaft festgestellt und war gerade die Veranlassung, seine »Lebenslehre« zu konzipieren. Sie sollte die Individuen anregen, sich von diesem Normalverhalten zu befreien. Es ging Fichte hierbei nicht darum, Konformismus abzuwerten und um jeden Preis eine individualisierte Lebensführung zu erzwingen. Das Problem Fichtes ist vielmehr, daß ohne Individualisierung die Möglichkeiten für Glück nicht ausgeschöpft werden können. Glücklich sein heißt nämlich, seinem Leben vorbehaltlos zustimmen können. Diese Zustimmung ist aber nach Fichte optimal nur zu einem *selbstkonzipierten* Leben möglich — darum soll jeder sein Leben individualisieren. Dies ist der Grund, warum Fichte den entschiedenen Willen hat: »Ich selbst will selbständig — nicht an einem andern und durch ein anderes, sondern für mich selbst etwas sein (a. a. O., S. 191). Der Sinn meines eigenen Lebens soll nicht von andern abgeleitet sein, sondern von mir selbst konzipiert sein. Nur ein solcher Lebenssinn kann mich endgültig überzeugen. Daher will ich »selbst der letzte Grund meiner Bestimmung sein« (ebd.).

Wie man dies machen kann, selbst der »Grund« seiner Bestimmung zu sein, wollen wir näher erläutern. Wir beginnen mit dem Satz:

»Ich mache mich selbst. Mein Sein durch mein Denken; mein Denken schlechthin durch das Denken«
(a. a. O., S. 194).

Mit diesem Satz behauptet Fichte, daß sich durch das Denken »schlechthin« ein spezielles Denken herausbildet, von dem man sagen kann, daß es »mein« Denken ist. Fichte denkt wohl daran, daß sich beim Denken nach und nach ein individuelles Denken mit eigenen Stilmerkmalen herausbildet. Diese individuelle Denkweise wiederum schafft das »Sein« eines Menschen. Nach dieser Bedingungskette ist es nicht die Besonderheit eines Individuums, aus der die besondere Denkart des Individuums entspringt, sondern genau umgekehrt: Das »Sein« eines Individuums wird bestimmt durch die Art, wie dieses Individuum denkt. Wer also z. B. als empirisch orientierter Sozialwissenschaftler über den Menschen nachdenkt, entwickelt einen speziellen Denkstil, der methodisch an einem speziellen Paradigma orientiert ist. Diesem Denkschema gemäß denkt er sich auch sein »Sein« als Mensch. In diesem Paradigma vom »Sein« des Menschen als dem »Produkt« seiner sozialen Umstände hat die Selbstbestimmung des Menschen im vollen Sinn keinen systematischen Ort mehr. Es sei denn, man verkürzt Selbstbestimmung zu einer bloß politischen Aufgabe. Dann aber ist es gerade Hilfe von außen und keine Selbstbestimmung mehr. Im sozialwissenschaftlichen Paradigma kann an eine Selbstbestimmung schlechterdings nicht gedacht werden, denn ein Verhalten wird dann als erklärt und verstanden deklariert, wenn seine Beziehung zum Milieu aufgedeckt worden ist. Für andere Formen der Freiheit als die äußere Veränderung des sozialen Milieus wird der empirische Sozialwissenschaftler blind. Eine Freiheit, die aber gedanklich nicht konzipiert werden kann, kann auch nicht in das »Sein« des Menschen eingehen. Eine Freiheit, die der Mensch gedanklich nicht konzipieren kann, kann er auch nicht üben. Dies ist der Gedanke Fichtes. Eine Freiheit, die man haben kann, muß man erst einmal denken können. Deshalb verengt das sozialwissenschaftliche Denkschema notwendig die Freiheitsformen des Menschen. In der Sprache Fichtes würde dies heißen: das sozialwissenschaftliche Denken schafft einen Typus Mensch mit verminderter Freiheit.

Es ist festzuhalten, daß das Denken für Fichte das zentrale Problem seiner »Lebenslehre« ist. Wie ein Individuum sein Leben konzipiert, mit welchen Problemen es sein Leben anreichert und worin es seine Erfüllung sieht, hängt von seinem Denken ab. Die Bejahung des Lebens hängt damit zusammen, wie ein Individuum über sich selbst und die Umstände, in denen es lebt, denkt. Es wirft sich damit ein Problem der Freiheit auf, wie man auf seine Orientierung im Denken Einfluß nehmen kann. Dies ist das Kernstück der »Lebenslehre« Fichtes. Sie verdiente kaum Beachtung, wenn man sich diese Einflußnahme als bloße Willkürlichkeit dächte, durch die dem Denken jede Verbindlichkeit verlorenginge.

Fichte entdeckte die Freiheit des Denkens im Zusammenhang mit der Erfahrung der Realität. Diese Erfahrung ist nämlich abhängig von dem Denkschema, mit dem man seine Erfahrungen macht. Die Erfahrung der Welt und damit die Qualität der Welt variiert mit dem Paradigma, das man bei der Reflexion über die Realität anlegt. Fichte meint daher: »So muß jeder neuen Reflexion die Welt in neuer Gestalt heraustreten« (»Anweisung zum seligen Leben«, Werke, Bd. V, S. 456). Wie der Mensch die Realität erfährt, ist nicht eindeutig durch die Realität festgelegt. Der Mensch kann verschiedene »Begriffe« über die gleiche Realität konzipieren.

Die Reflexion über die Realität ist gesteuert durch die zentralen Begriffe, deren sie sich bedient. Wir wollen uns in diesem Zusammenhang einige Gedanken machen über den Satz:

»Der Begriff daher ist der eigentliche Weltschöpfer«
(a. a. O., S. 454).

Der Ausdruck »Welt« ist nicht identisch mit Realität. »Welt« meint reflektierte Realität, wobei wir ununtersucht lassen wollen, was auch immer man unter Realität sich denken soll und wie Reflexion mit Realität in Verbindung steht. Zum Verständnis der Fichteschen Überlegungen genügt es, wenn man einige Beispiele bedenkt. Der Marxist, der mit dem Begriff »Ausbeutung« über die Bundesrepublik reflektiert, urteilt über dieselbe Bundesrepublik anders als jemand, der mit dem Begriff »Modell

Bundesrepublik« über die Praktikabilität und Bürgergerechtheit verschiedener Verfassungsmodelle und Regierungspraktiken reflektiert. Für den Marxisten ist daher dieselbe Bundesrepublik eine andere »Welt« als für den Pragmatiker. Den Unterschied zwischen diesen beiden »Welten« kann man nicht als harmlose Interpretation verniedlichen. Jeder Weltbegriff hat seine eigene Praxis. Der Begriff »Ausbeutung« macht aus der Bundesrepublik eine häßliche »Welt«, in der man sich nicht wohl fühlen kann und die man mit allen Mitteln einer »revolutionären Praxis« verändern muß. Wer in einer solchen Welt lebt und nicht voller Empörung ist, verdient daher in den Augen eines Marxisten nur Verachtung. Für einen Marxisten ist es daher auch selbstverständlich, daß er die Gegenwart verdrießlich findet und alles Positive in die »bessere« Zukunft der Gesellschaft verschiebt. Die Realität der Bundesrepublik macht es aber nicht notwendig, daß man über sie ausschließlich mit dem Begriff »Ausbeutung« reflektiert. Wer es aber tut, unterliegt dem Eindruck, es gar nicht anders zu können, sofern er offenen Auges ist. Diese Reflexion wird für ihn ein persönliches Schicksal. Er weiß nicht, daß die Begriffswahl einen Spielraum für Freiheit läßt.

Fichtes »Anweisung zum seligen Leben« würde demnach lauten: Man muß sich klar darüber bleiben, daß die Begriffswahl über den »Grundcharakter der Welt« entscheidet, denn »Die Welt hat sich in ihrem Grundcharakter gezeigt als hervorgehend aus dem Begriffe« (a. a. O., S. 454).

Als vor einigen Jahren das Problem der »Rocker« auftauchte, war es vor allem die an Sensationen interessierte Presse, die von einer neuen Form der Jugendkriminalität schrieb. Der Begriff »Jugendkriminalität« steuerte die Reflexion über die Rocker. Die Folge war, daß die Polizei im Sinne dieser Reflexion gegen die Jugendlichen vorging, und zwar unverhältnismäßig hart und abwertend. Es kam sehr schnell zu einer »öffentlichen Meinung« über die Rocker und zu einer entsprechenden Praxis, so daß weder die Polizei noch die Jugendbehörden auf den Einfall kamen, ihre Aktivitäten könnten verfehlt sein. Hätte man Begriffe wie jugendliche Not oder Identifikationsnot der Jugendlichen herangezogen, es wäre eine ganz andere Problematik entstanden. Weil dies nicht geschah, wurden Ruhestörung durch Lärm, Provokation und Sachbeschädigungen voreilig als kriminelle Handlungen aufgefaßt. Es bestand daher Einhelligkeit, daß das Rockerproblem vor allem die Polizei, die Staatsanwaltschaft und die Jugendgerichte anging. Die Jugendbehörden dagegen fühlten sich nicht zuständig. Durch diese Praxis sahen sich die Kriminalbehörden und die Öffentlichkeit wiederum in ihrem Urteil bestärkt; das Urteilsschema wurde stabil gemacht und erschien dadurch »realistisch«. Die Rocker ihrerseits reagierten im Sinne ihrer Behandlung und benahmen sich »rockergemäß«. Sie lösten jetzt erst ihren Ruf ein. Am Anfang des Rockerproblems stand tatsächlich das Wort »Rocker«. Es schuf eine spezielle »Welt« der Rocker und die dieser »Welt« gemäße Praxis.

Als sich verspätet die Jugendbehörden dennoch einschalteten, verlor das Rockerproblem sehr schnell an Bedeutung. Man erkannte, daß man es mit einer neuen Art jugendlicher Identifikationsnot zu tun hatte. Die Rocker fühlten sich in allen für die persönliche Identifikation wichtigen Hinsichten disqualifiziert. Sie fanden sich weder durch ein qualifiziertes Elternhaus, noch durch gute Schulleistungen, noch durch eine geschätzte berufliche Tätigkeit bestätigt. Sie konnten ihr Selbstbewußtsein nicht einmal durch eine begehrte Freundin stützen. Es war bezeichnend, daß man über diese Themen — Elternhaus, Schule, Beruf, Freundin — nicht sprach; sie wurden in den Gesprächen untereinander bewußt ausgeschlossen. Diese Jugendlichen waren unglücklich. Seit ihrer Kindheit lebten sie in einer Gesellschaft, in der sie laufend mit der positiven Auswahl der Besseren konfrontiert wurden, ohne selbst jemals zu den Ausgewählten zu gehören. Niemand bot ihnen auch ein Urteilsschema an, nach dem auch sie eine besondere Qualifikation haben können. Für die Identifikationsproblematik muß die christliche Lehre, daß vor Gott alle Menschen gleich sind, einmal eine kaum zu überschätzende Bedeutung gehabt haben: In der von allen anerkannten wichtigsten Hinsicht für alle Menschen — ihrer Beziehung zu Gott — sind alle gleich. Die Identifikation wird in einer auf Leistung und Auslese abgestellten Gesellschaft sehr problematisch. Eine positive Identifikation ist aber eine wichtige Voraussetzung für persönliches Glück und Zustimmung zum Leben. Die Hilfe auf diesem Gebiet hat das gleiche Gewicht wie die soziale Frage des 19. Jahrhunderts, wenn sie auch nicht von politischer Art ist.

Fichte hat erkannt, daß die Wahl der Begriffe, mit denen man die gesellschaftlichen Umstände, in denen man lebt, beschreibt, und wie man die darin eingebundene persönliche Identifikation betreibt, das zentrale Problem im Leben eines Menschen ist. Daß es in dieser Hinsicht überhaupt eine Möglichkeit für Freiheit der Individuen gibt, auf die die Individuen aufmerksam gemacht werden müssen, war das Thema der »Anleitung zum seligen Leben« bzw. der »Bestimmung des Menschen«. Die darin vorgetragene »Lebenslehre« lehrt eine unpolitische Befreiung des Menschen zugunsten größerer Glücksfähigkeit.

Für Fichte, der von dieser Aufgabe gefangen war, mußte es eine begeisternde Entdeckung gewesen sein, im Johannesevangelium eine analoge »Religionslehre« zu entdecken:

»Im Anfang war das Wort«

Das Evangelium des Johannes zeichnet sich für Fichte dadurch aus, daß es im Gegensatz zu den andern Evangelien eine »Religionslehre« ist, nämlich eine Lehre vom richtigen und d. h. glücklichen Leben. Diese Lehre ist nach Fichte der tiefste Sinn der »Frohbotschaft« des Jesus von Nazareth, denn Johannes allein hat die Lehre Jesus' richtig verstanden. Das Johannesevangelium zeichnet sich nämlich dadurch aus, daß es bereits ist, »was wir suchen und wollen, eine Religionslehre; dagegen das Beste, was die übrigen (Evangelisten) gegeben . . . doch nichts mehr ist als Moral, welche bei uns einen sehr untergeordneten Wert hat« (a. a. O., S. 447). Die übrigen Evangelisten lehrten, daß schließlich glücklich ist, wer moralisch handelt: Nur der moralische Mensch ist auch ein glücklicher Mensch. Für das Problem, das Fichte lösen will und Johannes analog löste, spielt dagegen Moralität nur eine untergeordnete Rolle.

Die von Fichte »gesuchte« Religionslehre ist im traditionellen christlichen Denken nicht erschlossen worden, denn man verstand den Satz »im Anfang war das Wort« in dem einfältigen

Sinne des Mythus von der Schöpfung der Welt durch Gott. Der wahre Sinn des Johanneswortes konnte daher nicht der traditionellen Interpretation abgelauscht werden, sondern mußte mit philosophischen Methoden erst entdeckt werden. So stellt Fichte fest, »daß der Philosoph . . . ganz unabhängig vom Christentum dieselbe Wahrheit findet und sie in einer Konsequenz und in einer allseitigen Wahrheit überblickt, in der sie vom Christentum . . . nicht überliefert sind« (a. a. O., S. 484).

Um die »Konsequenz« und die »allseitige Wahrheit« des Johannessatzes zu erschließen, wehrt Fichte zunächst die traditionelle Schöpfungsidee als Interpretationshilfe ab: ». . . das Ableugnen einer solchen Schöpfung (ist) das erste Kriterium der Wahrheit dieser Religionslehre« (a. a. O., S. 479). »Die Annahme einer Schöpfung« ist nach Fichte »der absolute Grundirrtum aller falschen Metaphysik und Religionslehre«. Dieser Grundirrtum ist das »Urprinzip des Juden- und Heidentums« (ebd.), gegen das die Wahrheit des Christentums gerade abgegrenzt werden muß. Diese Wahrheit ist, die Idee des Anfangs vom Wort her neu zu bedenken.

Entgegen der »vorhandenen jüdischen Religion« denkt Johannes die Idee des Anfangs vom Wort her. Johannes protestiert nämlich gegen den jüdischen Schöpfungsglauben und hält dagegen: ». . . vor aller Zeit schuf Gott nicht, und es bedurfte keiner Schöpfung — sondern es war schon; es war das Wort — und durch dieses erst sind alle Dinge gemacht« (a. a. O., S. 479/480). Das Wort erst hat alle Dinge gemacht. Das ist der Kern der neuen Lehre. Die »Dinge«, die durch das Wort gemacht werden, sind aber nicht die »realen« Gegebenheiten. Dann kommt man wiederum zu der Fehlinterpretation von der Erschaffung der realen Welt. Die »Dinge«, die durch das Wort geschaffen werden, sind vielmehr die Konzepte, die sich ein Mensch von der Realität macht. So ist z. B. derselbe Hund für »Herrchen«, der ihn fast wie einen menschlichen Gefährten behandelt, ein anderes »Ding« als für den gequälten Nachbarn, für den er nur ein »Kläffer« oder »Köter« ist. Selbstverständlich können sich Hundebesitzer und Nachbar auf ein gemeinsames »Ding« Hund einigen, dann hat dieses »Ding« aber nur solche belanglosen Merkmale wie eine bestimmte Größe, Farbe, Gewicht usf. Es fehlen dann gerade die Merkmale, die das Tier zu einem »treuen Gefährten« oder zu einem »Köter« und »Kläffer« machen. Das Wort »Köter« macht aus dem Tier Hund ein bestimmtes »Ding«. Daher ist ein Pferdebesitzer auch tief verletzt, wenn jemand sein Lieblingspferd als »Gaul« bezeichnet.

In diesem Sinne werden die »Dinge« durch das Wort geschaffen; denn was wir Ding nennen, ist die Summe aller Besonderheiten einer Realität, die wir durch das Wort herausheben. Auf diese Weise macht sich der Mensch Realität bewußt. Es gibt keinen andern Weg, sich von der Realität ein Bewußtsein zu schaffen. Daher ist für den Marxisten die Bundesrepublik ein anderes »Ding« als für den Experten für wirtschaftliche Rentabilitätsberechnungen; denn beide heben mit ihren Begriffen andere Besonderheiten hervor. Man kann sich daher auch denken, daß die Welt der »Dinge« für die Individuen nicht völlig gleich ist, weil jedes Individuum von andern Besonderheiten der Realität ein Bewußtsein bildet. So verstanden ist in der Tat »im Anfang das Wort«.

Man könnte gegen diese Interpretation zu bedenken geben, daß sie zu einfach ist und dadurch dem Gewicht nicht gerecht wird, das dem Johannes-Satz als dem Kern einer neuen Religionslehre zukommt. Aber das Problem des Johannes war es gerade, davon zu überzeugen, daß diese einfache Wahrheit für das Glück des Menschen von kaum auszulotender Bedeutung ist. Von dem Gewicht dieses Satzes den angemessenen Eindruck zu vermitteln, war auch für Fichte eine schwierige Aufgabe. Die befreiende und heilende Wirkung dieser Religionslehre setzt voraus, daß dieser einfache Satz in seiner vollen Tragweite erschlossen wird. Darum muß er verkündet werden.

Wer über eine Reihe von Ereignissen so spricht, als wären es »Schicksalsschläge«, die ausgerechnet ihm widerfahren mußten, macht sich selbst zum »Unglücksraben« und handelt sich ein »unglückliches« Leben ein. Für einen andern können die gleichen Ereignisse nichts weiter als die launischen Zufälle sein, an denen das Leben so reich ist; nichts weiter als die Überraschungen im Leben.

In dem Johannesevangelium — so interpretiert Fichte weiter — werden die Ausdrücke »Wort« und »Gott« einander gleichgesetzt. Es heißt dort nämlich: »Gott selbst (ist) das Wort, und das Wort selbst (ist) Gott« (a. a. O., S. 480). Beide Ausdrücke sind identisch, das bedeutet, daß sie sich gegenseitig erläutern: Was bislang unter »Gott« verstanden wurde, ist genau besehen das »Wort« und ebenso umgekehrt: Was bislang bloß als »Wort« verstanden wurde, ist in Wahrheit »Gott«. Das Wort ist viel mehr, als man bislang annahm; es hat einen »göttlichen« Aspekt. Das Wort ist mächtiger, als es der Satz von der »Ohnmacht des Wortes« noch annimmt. Es hat die Macht eines Gottes: das Wort ist »göttlich«.

Fichte meint dies ganz ernst. Er bemerkt zu dieser Johannes-Stelle, daß der Evangelist, wäre er weniger wortkarg gewesen, zur Vermeidung laienhafter Mißverständnisse »hätte hinzusetzen können . . . weg mit jenem Phantasma eines Werdens aus Gott . . ., einer Ausstoßung und Trennung von ihm, die uns in das öde Nichts wirft und ihn zu einem willkürlichen und feindseligen Oberherrn von uns macht« (ebd.). Hegel hat ebenfalls die Besonderheit des Christentums in seinem Gottesbegriff gesehen. Er knüpft seine Überlegungen an den Satz von »Der Menschwerdung Gottes« an und nimmt die »Menschwerdung« ganz wörtlich: Gott ist zum Menschen geworden; er ist hierbei nicht mehr Gott geblieben, sondern er ist im Menschen aufgegangen. Der »Tod Gottes« ist die »Auferstehung des Menschen«, nämlich zu seiner höchsten Freiheit, sich als Schöpfer aller Menschlichkeit zu wissen. Was man bislang unter dem »Göttlichen« verstand, hat man seit Jesus von Nazareth als das »Menschliche« zu verstehen.

Wenn das Wort göttlich ist, hat der, der es spricht, kreative Macht. Das Wort aber spricht der Mensch. Die Wahrheit über den Menschen ist daher, daß er durch das Wort »göttlich« ist, denn er hat Macht über die Realität.

Wir haben bislang Beispiele verwendet, die diese Macht als freien Spielraum bei der Bewußtmachung der Realität auswiesen: »Das Reale ... setzt (erlaubt) ... eine von ihm völlig unabhängige Freiheit und Selbständigkeit seines Genommenwerdens oder der Weise, wie es reflektiert werde« (a. a. O., S. 512). Der Eindruck, den der Mensch von der Realität gewinnt, hängt von dem Bewußtsein ab, das er sich von ihr macht. In diesem Sinne, meint Fichte, würde er das Wort des Johannes folgendermaßen umformulieren: »... und dieses göttliche Dasein ist in seiner Materie notwendig Wissen: und in diesem Wissen allein ist eine Welt und alle Dinge, welche sich in der Welt vorfinden, wirklich geworden« (a. a. O., S. 481). Übersetzen wir die Fichtesche Übersetzung des Johanneswortes in unsere Sprache, wäre zu formulieren: Der »Stoff«, aus dem das Göttliche gemacht ist, ist das Wissen des Menschen; nur soweit es Wissen gibt, hat es einen Sinn von »Welt« und von »Dingen«, die für den Menschen »wirklich« sind, zu reden. Für den Menschen ist etwas »wirklich«, wenn es ihn angeht, für ihn von Belang ist. Die Art des Wissens über die Dinge ist daher die Art, wie die Dinge für ein Individuum »wirklich« werden. So schafft sich der Mensch seine »Wirklichkeit«, d. i. seine Praxis; denn das Wort »Wirklichkeit« ist die Übersetzung des griechischen Wortes »Praxis«.

Diese »göttliche« Macht des Wortes über die Realität hat der Mensch als der Wissende aber schon immer geübt. Um diese Macht zu gebrauchen, hätte es nicht erst des Evangelisten bedurft. Das Neue in der Botschaft des Johannes kann daher nur sein, noch einmal ausdrücklich auf etwas aufmerksam zu machen, was der Mensch ohnehin schon immer tut. Dieser Schritt ist ein Schritt in die Freiheit, nämlich nun aus Freiheit die Macht des Wortes da zu nutzen, wo man diese Macht zuvor ohne Kenntnis ihres Spielraumes schon immer übte: Wie auch immer sich der Mensch von der Realität ein Bewußtsein verschafft, er muß die Realität aus einer Perspektive vom Menschen her sehen. Dadurch wird aus der Realität, wie auch immer sie von ihr her gesehen sein mag, stets eine »Welt« für den Menschen; denn der Mensch kann seine Perspektiven nicht überspringen, wenn er sich über etwas ein Bewußtsein verschaffen will. Diesen Tatbestand als Spielraum der Freiheit zu begreifen, lehrt das Johannesevangelium. Wer um diese Freiheit weiß, kann auch eine *interpretatorische Überlegenheit* gegenüber der Realität anstreben. Wer dies tut, hat die Aufforderung der »Frohbotschaft« als »Lebenslehre« verstanden.

Diese Freiheit nützt der Mensch nicht nur bei der Konzeption des »Grundcharakters« seiner »Welt«, sondern überall, wo er sich z. B. nicht »unterkriegen« läßt und den Situationen des Lebens überlegen ist. Dies ist z. B. der Fall, wenn er einer bedrückenden Situation etwas Gefaßtheit dadurch wieder gewinnt, daß er sie in eine größere Perspektive einbringt. Dies geschieht z. B. in solchen Tröstungen wie: »Die Zeit heilt Wunden«, »Wenn die Nacht am dunkelsten, ist der Tag am nächsten« u. a. Mit solchen interpretatorischen Lebenshilfen, an denen der Mensch so reich ist, versucht er nicht, sich über den Ernst der Situationen Illusionen zu machen oder sich aus den Situationen hinauszustehlen, sondern die Situationen durch eine überlegene Perspektive — im Beispielsfalle durch die Perspektive der Vergänglichkeit — ertragbar zu machen. Dies sind Formen der Zuversicht und der Tröstung, mit denen man sich aus der Enge einer Situation befreien kann, ohne sich dadurch selbst zu betrügen*. Was man früher »Abgeklärtheit« nannte, mag dieser interpretatorischen Überlegenheit des Menschen wohl nahe kommen. Wer diese Freiheit nicht nützt, ist nach Fichte weniger »lebendig«, übt weniger das, was man im Gegensatz zum biologischen »geistiges Leben« nennt.

Die »göttliche« Macht des Wortes ist damit aber nicht ausgeschöpft. Fichte verfolgt diese »Theorie des Christentums« noch weiter und meint, daß sie allein »die höchste und einzig mögliche Seligkeit« verschaffen könnte (a. a. O., S. 493). Keine Hilfe von außen, also auch keine politische Maßnahme vermag dem Menschen auch nur annähernd eine vergleichbare »Lebensqualität« zu geben, wenn man diesen modernen Ausdruck aus der politischen Argumentation einmal verwenden will.

Wir wollen den Gedankengang Fichtes weiter verfolgen, indem wir uns an dem Satz orientieren:

---

* S. auch O. F. Bollnow, Das Wesen des Trostes, in: drs., Neue Geborgenheit, S. 53 f., Stuttgart 1955.

»Die Liebe ist der Affekt des Seins«
(a. a. O., S. 498).

Wir klären zunächst, was Fichte unter »Sein« versteht. Er sagt zunächst hierüber: »Setze nur statt alles Wie ein bloßes Daß« (a. a. O., S. 540). Dieses »bloße Daß« zu bedenken ist die Art der Menschen. Vom Sein kann man daher nur im Zusammenhang mit dem Menschen reden, der sich der Tatsache, daß er ist, vergewissern kann. Die Gewißheit zu sein, so meint nun Fichte, ist die »Wurzel der Existenz« des Menschen (a. a. O., S. 549). Der Mensch existiert aus der Vergewisserung heraus, daß er ist. Über diese Tatsache kann der Mensch reflektieren; er hält sich die Tatsache, daß er ist, vor Augen. In Fichtes Worten ist sein eigenes Sein dem Menschen »da«, d. h., es ist ihm präsent: »Das Sein — ist da; und das Dasein des Seins ist notwendig Bewußtsein oder Reflexion nach bestimmten, in der Reflexion selber liegenden und aus ihr entwickelten Gesetzen: dieses ist der von allen Seiten nunmehr sattsam auseinandergesetzte Grund unserer ganzen Lehre« (a. a. O., S. 539). Der Mittelpunkt der Lebenslehre Fichtes bzw. der »Theorie des Christentums« ist demnach die Vergewisserung des Menschen, daß er ist. Aus dieser Vergewisserung heraus konzipiert er nach den »Gesetzen« der Reflexion sein Leben.

Der Satz, daß die Liebe der Affekt des Seins ist, besagt demnach, daß die Liebe durch diese Vergewisserung bewirkt wird. Die Liebe ist ein »Affekt«, der durch das »Sein« hervorgerufen wird: Liebe ist das »Affiziertsein durch das Sein, d. i. eben Gefühl des Seins als Seins« (a. a. O., S. 498). Die Liebe muß danach im Zusammenhang mit solchem »Sein« verstanden werden, das sich »als Sein« fühlen kann. Das einzige »Sein«, das sein eigenes »Sein« fühlen kann, ist der Mensch. Der Mensch kann sich der Tatsache, daß er ist, nicht anders vergewissern als diese Tatsache auch zu lieben.

Über das »Gefühl des Seins« reflektiert der Mensch über das Wort. Durch die Macht des Wortes erfährt er, daß er ist — aber auch, auf welche Art er ist. Wie sich der Mensch nämlich seiner interpretatorischen Überlegenheit über die Realität bewußt wird, schafft er sich auch ein Bewußtsein als jemand, der sich »seine

Welt« schafft. Er lebt in der Weise, daß er der »Schöpfer seiner Welt« ist. Darin besteht die Besonderheit seiner Art zu sein. Er kann nicht anders, als diese »Weise da zu sein« auch zu lieben.

Fichte beschreibt daher das »Sein« folgendermaßen: »Das Sein ist auf sich ruhend, sich selber genügend, in sich selber vollendet und keines Seins außer ihm bedürfend« (a. a. O., S. 498). Dies ist im Hinblick auf den Menschen gesagt, der »seine Welt« als in sich ruhend, sich selbst genügend vollendet. Denn Fichte fährt unmittelbar fort: »Lassen Sie es (das Sein) nun also absolut sich bewußt (werden), sich fühlen: was entsteht? Offenbar eben ein Gefühl dieses *Sichzusammenhaltens* und *Sichtragens*, also eben einer *Liebe* zu sich selbst, und wie ich sagte Affekt, Affiziertsein durch das Sein, d. i. eben Gefühl des Seins als Seins« (ebd.).

An späterer Stelle hat Fichte diesen Gedanken noch einmal zusammenfassend formuliert und dort noch deutlicher gemacht, daß er im Zusammenhang mit der Freiheit des Menschen, durch die Wahl der Worte »seine Welt« zu vollenden, gesehen werden muß. Es heißt dort nämlich: »Da jene Selbständigkeit und Freiheit des Ich zum Sein desselben gehört, jedes Sein aber im unmittelbaren Bewußtsein seinen Affekt hat, so ist, inwiefern ein solches unmittelbares Bewußtsein der eigenen Freiheit stattfindet, notwendig auch ein Affekt für diese Selbständigkeit, die Liebe derselben ... vorhanden« (a. a. O., S. 513).

Der Satz: »Die Liebe ist der Affekt des Seins« heißt dann, der Mensch liebt die Tatsache, deren er sich durch die Reflexion über das Wort vergewisserte, daß er selbst es ist, der seine Welt zusammenhält und trägt. Um diese Tatsache zu wissen und sie zu lieben, ist ein und dasselbe. »Das Gefühl des Seins als Seins« ist diese »Liebe zu sich selbst« als einem, der »da« ist und zugleich seine »Welt« »trägt«.

Ein solches Leben ist für Fichte das gleiche wie »Sein«: »Sein sage ich und Leben ist abermals Eins und dasselbe« (a. a. O., S. 403). Dieser Satz steht ziemlich am Anfang der Gedanken Fichtes über seine »Lebenslehre«. Wer seine Welt trägt und zusammenhält, lebt im Sinne eines Schöpfers. Mit dem Bewußtsein der eigenen Faktizität bildet das Bewußtsein der Freiheit eine Einheit. Denn beide werden durch die Reflexion über das Wort bewußt gemacht. Wer über das Wort verfügt, also Sprache hat, kann die Gewißheit erlangen, daß er ist und daß er zugleich frei ist. Dies ist die liebenswürdigste Tatsache für den Menschen. Sie begründet allen »Genuß« des Daseins: »Aller Genuß aber gründet sich auf Liebe, sagte ich. Was ist nun Liebe? Ich sage: Liebe ist der *Affekt* des Seins . . .« (a. a. O., S. 498). Der Vergewisserung zu sein und zugleich frei zu sein entspringt die Liebe, und diese ist die Basis allen Lebensgenusses. Darum meint Fichte in den einleitenden Bemerkungen zur »Anweisung zum seligen Leben«: »Das Leben ist notwendig selig, denn es *ist* die Seligkeit; der Gedanke eines unseligen Lebens hingegen enthält einen Widerspruch. Unselig ist nur der Tod« (a. a. O., S. 401). Die Gewißheit zu leben und seine »Welt« bestimmen zu können, ist ein durch keinen Schatten zu trübendes Glück. Die Lebenden können sich der einmaligen Chance vergewissern, in einer unendlich langen Zeit bewußtloser Materie wenigstens für wenige Jahre das Bewußtsein ausbilden zu können, daß sie sind und sich eine eigene »Welt« erschaffen können. Danach ist alles für eine Ewigkeit wieder dunkel.

Wer das Leben als einmalige Gunst zu begreifen vermag, muß für dieses Leben einen positiven Blick haben. Er wird sich nicht durch negatives und »kritisches Bewußtsein« in seiner generellen Zustimmung zum Leben beirren lassen. Daß bei aller Kritikwürdigkeit der Lebensumstände das Leben als Ganzes liebenswert bleibt, ist der Sinn der Seinsvergewisserung.

Die »Lebenslehre« Fichtes betont weiterhin, daß das Leben nicht ein allgemeines Leben ist, sondern eine vom jeweiligen Individuum geschaffene und zusammengehaltene »Welt«. Damit ist das Leben eines jeden Individuums intimisiert. Die Vergewisserung der Intimität einer durch das eigene Wort und damit durch eigene Beurteilung geschaffenen »Welt« kann die Zustimmung zum Leben nur fördern. Der Gedanke, daß die moderne Technik eine äußere Lebensführung gestattet, durch die jedes

Individuum mehr als je zuvor in seiner »Welt« ungestörter verweilen kann, kann einen positiven Zukunftsaspekt öffnen.

Mit der Vergewisserung, daß man ist und nicht vielmehr nicht ist, erweist sich das Leben als höchster Wert. Die Sinnhaftigkeit menschlichen Lebens nimmt jetzt ihren Ausgang von der Lebensvergewisserung, wie sie zuvor im naiven Glauben ihren Ausgang von Gott nahm. Dies ist der Sinn der »Menschwerdung Gottes« (a. a. O., S. 567 ff.). War zuvor Gott die Wurzel für die Zustimmung zum Leben, so ist es jetzt die Gewißheit des Menschen, daß er ist.

Einen verwandten Gedanken über die positive Einstimmung in das Leben durch diese Seinsgewißheit hat Heidegger niedergeschrieben: »Wir kommen für die Götter zu spät und zu früh für das Sein. Dessen angefangenes Gedicht ist der Mensch«. Wir kommen zu spät, um an die Tatsache eines allem Leben sinngebenden Gottes noch glauben zu können. Wir kommen aber zu früh, um die sinngebende Kraft der Seinsgewißheit schon ausschöpfen zu können. Der Mensch unserer Zeit ist gerade erst dabei, durch ein an der Seinsgewißheit orientiertes Leben das »Gedicht« des Seins zu werden. Der zitierte Satz steht ziemlich zu Beginn der Heideggerschen Betrachtungen über das »Denken« als der vernachlässigten Alternative zum Erkennen und Erforschen (Heidegger, »Aus der Erfahrung des Denkens«, Pfullingen 1965 (2), S. 7). Die Tatsache, daß man ist, kann man nicht mit wissenschaftlichen Methoden erforschen, sondern nur meditierend bedenken. Deshalb meint Heidegger zu recht: »Der Dichtungscharakter des Denkens ist noch verhüllt« (a. a. O., S. 23). Die Vergewisserung, daß man ist, wurde bislang gedanklich noch kaum angereichert und für die Positivierung des Lebens genützt.

Für Fichte ist diese Vergewisserung die »Wurzel der Existenz« (a. a. O., S. 549). Aber nicht alle Menschen leben aus dieser »Wurzel«. Die meisten leben in der »Seinsvergessenheit«, um diesen Ausdruck Heideggers zu verwenden. Wir wollen hierzu die Interpretation Fichtes über den Satz des Evangelisten Johannes mitvollziehen:

»Wer mein Wort hört, der hat das ewige Leben und ist vom Tode zum Leben hindurchgedrungen.«

(a. a. O., S. 487).

Ob ein Mensch »lebendig« ist oder ob er »tot« ist, hängt davon ab, ob er aus der »Wurzel« der Seinsgewißheit heraus lebt. Fichte hat diese Alternative einmal wie folgt beschrieben: »Alle innere geistige Energie erscheint . . . als ein sich Zusammennehmen . . . sich Festhalten in diesem Einheitspunkte (nämlich der Seinsvergewisserung) . . . nur in diesem Zusammennehmen ist der Mensch selbständig«. Sofern der Mensch aus diesem »Einheitspunkte« heraus lebt, vermag er »seine« eigene »Welt« zu schaffen. Sofern er dies nicht tut, »zerfließt« er: »Außer diesem Zustand der Selbstkontraktion verfließt er eben und zerfließt, und zwar keineswegs so wie er will und sich macht (denn sein sich Machen ist das Gegenteil des Zerfließens . . .), sondern so wie er wird . . . und das unbegreifliche Ohngefähr ihn gibt . . . eine flüchtige Naturbegebenheit« (a. a. O., S. 494). Statt »Naturbegebenheit« kann man ohne Sinnverstellung auch sagen: eine Begebenheit der sozialen Umstände. Ohne die Vergewisserung zu sein, die jedes Individuum selbst betreiben muß, »zerfließt« der Mensch und gibt seinen Willen preis, sich selbst zu machen. Er überläßt sich den Zufälligkeiten, dem »Ohngefähr« seiner sozialen Umstände. Fichte würde nicht bestreiten, daß sehr viele Menschen sich in diesem Sinne von den sozialen Umständen treiben lassen. Er würde aber nicht von einer Art Kausalität sprechen, durch die der Mensch das »Produkt« seiner Umstände wird. Die Gefahr dieser Denkweise in der empirischen Sozialwissenschaft besteht darin, daß sie die glückförderliche »Lebenslehre«, durch die Seinsvergewisserung sich »seine Welt« zu definieren, nicht nur außer acht läßt, sondern auch für unmöglich hält. Damit bringt das Denken in den empirischen Sozialwissenschaften einen Verlust an möglicher Freiheit der Individuen mit sich. Denn eine Freiheit, von der man nicht überzeugt ist, kann man auch nicht wahrnehmen. Wenn den Individuen eingeredet wird, daß sie keine Chance haben, sich selbst und ihre Welt selbständig zu definieren, sondern dies nur in den ihrem Milieu gemäßen

Formen tun können, werden sie diese Freiheit auch nicht ausbauen können. Insofern ist eine Freiheit, die man zwar grundsätzlich hat und in verminderter Form auch übt, lehrbar, und das hieße, sie kann durch die rechte Unterweisung gefördert werden. Diese unpolitische Freiheit kann daher Gegenstand der »Lebenslehre« sein.

Fichte erkennt darin ein altes Gedankengut des Johannesevangeliums. Er will es für die Lebenspraxis retten, nachdem seine mythologische Deutung dem empirischen Denken zum Opfer gefallen ist. Johannes spricht vom »lebendigen Wort«, mit dem das individuelle Leben positiv aufgebaut werden kann. Es gibt aber auch das »geistige Totsein«, jenes Zerfließen, indem man sich ganz den Außenbedingungen anpaßt und damit seine Selbständigkeit als Schöpfer »seiner Welt« preisgibt. Fichte spricht daher von einer »beseligenden Denkweise« und einem »Totsein«, obwohl man lebt: »Indem wir im Begriffe sind, die richtige und beseligende Denkweise tief zu erfassen und nach dem Leben zu schildern, wird es gut sein, die ihr entgegengesetzte flache und unselige Weise dazusein, welche wir ebenso wie das Christentum ein Totsein und Begrabensein bei lebendigem Leibe nennen, noch tiefer und anschaulicher zu charakterisieren« (a. a. O., S. 493). Das Charakteristische des »Totseins« ist die »Zerstreuung über das Mannigfaltige«, also im Mannigfaltigen der Außenumstände aufzugehen und das eigene Sein zu vergessen. Wer in dieser Vergessenheit lebt, manövriert sich in sein »Totsein«.

In diesem Sinne interpretiert nun Fichte die oben herausgestellte Stelle aus dem Johannesevangelium: »Wer mein Wort hört, der *hat* das ewige Leben und *ist* vom Tode zum Leben hindurchgedrungen. Es kommt die Stunde und ist schon jetzt, daß die Toten werden die Stimme des Sohnes Gottes hören, und die sie hören werden, die werden leben« (a. a. O., S. 487). Die »Toten« sind die, die in der »Zerstreuung über das Mannigfaltige« leben. Daher weist Fichte die naive Interpretation von Totsein ab: »Die Toten: wer sind diese Toten, etwa die, die am Jüngsten Tage in den Gräbern liegen werden? Eine rohsinnliche Deutung: — im biblischen Ausdrucke eine Deutung nach dem

Fleische nicht nach dem Geiste. Die Stunde war ja schon damals! Diejenigen waren die Toten, welche seine Stimme noch nicht gehört hatten und eben darum tot waren« (ebd.). Sie waren »tot«, weil sie von der »Lebenslehre« noch nichts gehört haben, daß der Mensch über die Freiheit verfügt, sich durch sein Wort seine Welt zu schaffen. In diesem Sinne macht das »lebendige Wort« in einem unpolitischen Sinne frei. Die Anweisung zu einem frohen Leben trotz aller äußeren Mißstände hatte Johannes von Jesus von Nazareth erfahren, der das memento vivere bereits übte: Jesus hatte, so Fichte, keine andere »Anweisung zum seligen Leben« geben können als die, »daß sie werden müßten wie Er: denn daß seine Weise da zu sein beselige, wußte er an sich selber« (a. a. O., S. 572).

Die Wahrheit des Christentums hat Fichte über die »Gesetze des Bewußtseins« entdeckt, über die man zu einer völlig analogen »Lebenslehre« kommt. Die Wahrheit des Christentums liegt daher für Fichte nicht in dem verfehlten Nachweis eines außerirdischen Gottes. Daher bleibt die Wahrheit des Christentums als die »Theorie des Christentums« weiter bestehen, auch wenn die Mythologie von einem außerirdischen Gott preisgegeben wird. Die Wahrheit des Christentums ist die Lehre von einer unpolitischen Freiheit, die der Mensch durch sein Wort hat. Sie ist weiterhin die Lehre von einer alle umspannenden Liebe aus der Solidarität der Lebenden heraus, die sich in ihrem memento vivere als Gleichgesinnte wissen.

Diese religiöse oder unpolitische Freiheit ist unabhängig von jeder Theologie. Es ist eine Freiheit, durch die man sich von einem »Zerfließen« in die gesellschaftlichen Umstände emanzipieren kann. Es ist eine großartige Lebenspraxis, die für jedes Individuum hantierbar ist, das sich selbst die »erste Hilfe« leisten kann, indem es nicht endlos auf den großen Wandel der gesellschaftlichen Verhältnisse wartet, die einmal in ferner Zukunft günstiger sein sollen. Aber selbst bei optimalen gesellschaftlichen Verhältnissen, sollten sie jemals möglich sein, bleibt die sinngebende Kraft für das eigene Leben dennoch in den Händen der einzelnen Individuen. Sie selbst müssen sich aus ihrem »Totsein« befreien. Dies kann ihnen kein gesellschaftlicher Wandel oder eine gesellschaftliche Revolution, die den Idealstaat womöglich bringt, abnehmen. Die Methode Fichtes, eine unpolitische Befreiung im Sinne einer Lebenskunst zu betreiben, schließt natürlich die politische Befreiung nicht aus. Wohl aber muß man sehen, daß es neben der politischen auch eine apolitische Befreiung gibt, die man auch als die religiöse bezeichnen kann. Beide Emanzipationsformen rivalisieren nicht miteinander, sondern ergänzen sich.

Von der unpolitischen Befreiung verspricht sich Fichte ein von äußeren Umständen unabhängiges Lebensglück. Auf dieses braucht man nicht endlos zu warten, bis es die äußeren Umstände bringen. Aber selbst die günstigsten Umstände vermöchten Glück nicht zu geben. Denn hierzu muß sich der Mensch selbst befähigen: »Meine Meinung ist: Der Mensch sei nicht zum Elende bestimmt, sondern es könne Friede, Ruhe und Seligkeit ihm zuteil werden — schon hienieden, überall und immer, wenn er nur selbst es wolle; doch könne diese Seligkeit durch keine äußere Macht, noch durch eine Wundertat dieser äußeren Macht ihm zugefügt werden, sondern er müsse sie selber mit eigenen Händen in Empfang nehmen« (a. a. O., S. 447).

Gottfried Bräuer

Weltoffenheit — Bedingung und Ergebnis menschlichen Lernens

> *Wer aber durch irgendeine äußerliche Einübung (Dressur) den leider ermangelnden Tierinstinkt ersetzt hat, der bleibt eben in dieser Schranke befangen, die ihn wie eine zweite, ihm undurchdringliche Natur umgibt, und die Erziehung, der Unterricht hat ihn gerade beschränkt, getötet, statt ihn zu befreien und zum lebendigen Fortwachsen aus sich selbst fähig zu machen.*
>
> *(Johann Gottlieb Fichte, Aphorismen über Erziehung)*

> *Nicht auf der Erde lasten. — Kein pathetisches Excelsior, sondern nur das einfache: nicht auf der Erde lasten.*
>
> *(Dag Hammarskjöld, Zeichen am Weg)*

1. Zur anthropologischen Problematik der Weltoffenheit

Eine Darstellung der topischen Funktion des »Offenen«, der Verwendung des Gegensatzschemas von Offenheit und Geschlossenheit in der Geschichte der Umschreibungen dessen, was den Menschen herausfordert, was er vollbringen kann oder möchte und welche Bedingungen dabei angenommen werden müssen, wäre aufschlußreich; die Erwartung vollständiger oder eindeutiger Ergebnisse bliebe aber illusorisch. Vielleicht entspricht es nur dem Denkstil unserer Zeit, Offenheit positiver zu bewerten als Geschlossenheit. Offene und geschlossene Systeme mag man in kybernetischen Modellüberlegungen nebeneinanderstellen; werden offene von geschlossenen Gesellschaften unterschieden, so handelt es sich schon nicht mehr um ein neutrales Konstatieren. Die Offenheit steht für die Erweiterung der Spielräume, freilich auch für das Anwachsen der Problematik nach verschiedenen Richtungen. Offenheit, als Eröffnung des Weltraums und der Stellung des Menschen in der Öffnung, wird

Sache der Philosophie (K. Ulmer). In der Öffnung für die Welt zeigt sich das Wesen des Menschen (Th. Litt). Offenheit wird nicht nur im Verhältnis zum konkreten anderen Menschen gefordert, sie wird i. S. einer Grundhaltung zum ethischen Postulat (W. Weischedel). Widerspruch konnte nicht ausbleiben: In der allzu selbstverständlichen und emphatischen Rede von der Offenheit des Menschen wittert man die Projektionen der Unbestimmtheit (Th. W. Adorno), im Zusammenhang der Ontologie Entfremdung (J.-P. Sartre).

Die Zweideutigkeit des Offenen darf also zumindest nicht unterschlagen werden, sofern von ihr in Beziehung auf menschliches Leben gesprochen werden soll. Offenheit verweist auf Spielräume der Bestimmung und Gestaltung, aber ebenso auf Ausgesetztheit und Ungesichertheit, auf Können und auf Bedürfen.

1.1 Ansätze der philosophischen Anthropologie

Eine bestimmte Form des gesellschaftlichen Verhaltens, zu dem Gewandtheit, Kontaktfreudigkeit und Interesse an vielfältigen öffentlichen Angelegenheiten gehören, wurde schon früher als »weltoffen« charakterisiert. Davon hebt sich der systematische Gebrauch des Begriffes Weltoffenheit ab, der für die philosophische Anthropologie des zweiten Viertels des 20. Jahrhunderts kennzeichnend ist. Dieses anthropologische Verständnis soll, da es wohl als bekannt vorausgesetzt werden kann, nur kurz vergegenwärtigt werden. Es gilt, auch hier schon gewisse Unterschiede zu beachten.

1.1.1 Max Scheler

Bei Max Scheler gewinnt der Begriff der Weltoffenheit im Zusammenhang seines Versuchs Profil, das dem Menschen spezifisch Zukommende auf dem Hintergrund neuer wissenschaftlicher Erkenntnisse zu begreifen und scharf herauszuarbeiten. Untersuchungen der Tierpsychologie, insbesondere der Primatenforschung seiner Zeit, hatten eindrucksvoll gezeigt, daß psychische Phänomene wie praktische Intelligenz und Wahlfähigkeit Tieren nicht generell abgesprochen werden können. Sollte die intuitive Annahme eines wesensmäßigen Unterschieds zwischen Mensch und Tier als notwendig, einseh- und begründbar aufrechterhalten werden, so mußte hierfür ein neues Netz begrifflicher Bestimmungen entworfen werden, das an die Stelle der unbrauchbar gewordenen Formel vom Menschen als einem animal rationale treten konnte. Und hier erwies sich »Weltoffenheit« als der dem »Geist« notwendig korrespondierende Begriff. Geist ist, von allen psychologischen Intelligenzkonzeptionen abgehoben, für Scheler die Fähigkeit des Menschen, von den Sachen selbst bestimmt zu werden, also Sachlichkeit aufbringen zu können, sowie die Fähigkeit, das Wesen von etwas von seinem Dasein trennen zu können, also auch, sich reine Formen vergegenwärtigen zu können. So wird das eigentümliche Können der Person als Aktzentrum geistiger Tätigkeit in der Umkehrung des vitalen Verkehrs mit der äußeren Wirklichkeit sichtbar. Während die Tiere sich im Rahmen ihrer Umweltstrukturen zu Triebzielen und artspezifischen Bedeutungskomplexen verhalten (man denke an J. v. Uexkülls Umweltlehre), während ihr Verhalten also in einem dynamischen Gefüge von Anziehungen und Abstoßungen instinktverankert und geregelt erscheint, vermag sich der Mensch von Triebdruck und Umweltbindung zu lösen. Scheler spricht von einer existentiellen Entbundenheit vom Organischen. Geist zeigt sich als Fähigkeit freier Hemmung wie auch Enthemmung von Triebenergie, und nach innen als Fähigkeit des Menschen, seiner selbst bewußt zu werden. Oder anders: Die Distanzierung von einer abgeschlossenen Umwelt zugunsten einer unbegrenzt offenen Welt geschieht kraft des Geistes. Wie dieser Geist, der keine eigene Energie besitzt, den asketischen Akt des Außerkraftsetzens des vitalen Dranges zustande bringt, bleibt aber das eigentlich schwierige Problem. Weltoffenheit schließt die Möglichkeit ein, sich nicht nur zu diesem und jenem konkret zu verhalten, sondern eine substanzartig geordnete Welt im ganzen als Horizont möglicher Gegenstände, ja auch die Leerformen von Raum und Zeit imaginieren und intuieren zu können, d. h. auch die Entwirklichung von Welt und Selbst frei vornehmen zu können. Weltoffenheit ist nach Scheler etwas, wozu sich der Mensch kraft eines nicht-natürlichen, außerhalb des Lebens wirksam werdenden Prinzips erhebt. Im Medium des Mensch-Tier-Vergleichs bricht für ihn mit der Differenz von Geist und Leben eine metanthropologische Frage auf, die aus der Sicht der nachfolgenden Anthropologie allzu deutlich von spekulativen dualistischen Denktraditionen belastet erscheinen mußte. Es läßt sich darum auch nicht übersehen, daß jene Weltoffenheit, die von Scheler als Folge der distanzierenden und negierenden Tätigkeit des Geistes dargestellt wird, eine der Anthropologie immanente Erklärung nicht findet.

1.1.2 Arnold Gehlen

Arnold Gehlens Theorie der Natur des Menschen kann geradezu als Versuch bezeichnet werden, das Phänomen menschlicher Weltoffenheit im Rahmen anthropologischer Bestimmungen zu begreifen, die erfahrungsnah bleiben, sich metaphysischer Distinktionen enthalten und aus diesem Grunde auch den Dualismus von Leben und Geist methodisch stillegen. Verglichen mit den Tieren, deren Verhalten sich ganz aus der Einpassung in ihre jeweils artspezifische Umwelt erklärt, ist der Mensch das primär handelnde Wesen, das seinen Spielraum eigentätig herstellt und zur Weltbewältigung ausbaut. Dieses eigentümliche Können muß man nach Gehlen auf dem Hintergrund der Defizienz des menschlichen Organismus sehen. Der Mensch ist nämlich fürs erste und rein biologisch gesprochen in seiner Unspezialisiertheit und mit seiner Instinktarmut ein Mängelwesen. Die Weltoffenheit wird hier in ihrer vollen Ambivalenz sichtbar. Trotz aller positiven Züge ist Weltoffenheit eben auch Bedrohtheit. Als weltoffenes Wesen ist der Mensch stets einer Reiz- und Eindrucksfülle ausgesetzt, die mit einem artspezifischen Ausschnittmilieu schwerlich verglichen werden kann. Die Welt als offenes Überraschungsfeld bedeutet vornehmlich eine Belastung.

Um zu begreifen, wie aus dieser bedrohlichen und belastenden Offenheit so etwas wie die konstruktive Weltbewältigung im Handeln entstehen kann, bedarf es einer Umwendung des Blicks, durch die die Defizienz als Kehrseite einer Positivität bzw. als Bedingung der Möglichkeit eigentätiger Bewältigung unvorhersehbarer Herausforderungen einer offenen Welt erfaßbar wird. Weltoffen ist nämlich, ganz im Unterschied zu den Tieren, die in dieser Hinsicht in den Bezug von Instinktrepertoire und arteigener Umwelt eingeschlossen bleiben, die Antriebsstruktur des Menschen. Die menschliche Einzigartigkeit beruht auf der Nichtfestgelegtheit, auf der weitgehenden Entbindung vom Instinkt, also einer bedürfnisentlasteten Antriebsstruktur. Überschüssige Triebenergie, die an Instinktauslöser nicht mehr gebunden ist, bedeutet Ausartungsbereitschaft, aber auch Offenheit für Bedeutungsbesetzungen. Entsteht in den Kreisbewegungen des Handelns die aktive Öffnung nach außen (über das Verfügbarmachen der Welt durch Symbole und stabilisierende Institutionen), so entsteht im selben Zug innere Offenheit i. S. der psychischen Binnendifferenzierung. Man kann durchaus sagen, daß das Innenleben des Menschen mit dem Tatbestand der Weltoffenheit identisch ist.

Wir müssen es uns an dieser Stelle versagen, den Prozeß nachzuzeichnen, durch den nach Gehlen über die rückempfundene Eigentätigkeit ein indirektes Verhalten erreicht und vermittels sprachlicher Symbolik die Gegenwartsbindung gesprengt, eine historische Handlungsbasis und ein antizipatorisches Bewußtsein gewonnen wird. Weltoffenheit als spezifisch menschliche Disposition, aus der eine neuartige Orientierungsfähigkeit und eine schier unvorstellbare Plastizität des Verhaltens hervorgeht, läßt also eine Deutung biologisch konstatierbarer Mängel der Ausstattung i. S. einer höheren Zweckmäßigkeit zu, denn diese Mängel erweisen sich als Bedingungen der Möglichkeit eines Kulturwesens. Die Weltoffenheit behält aber den Aspekt der Gefährdung und der Ausartungsbereitschaft dieses Lebewesens.

Man muß diese Struktur gegenseitiger Voraussetzung und Erklärung der Phänomene klar erkennen, wenn man Gehlens Auffassung von der Weltoffenheit gerecht werden will. Die Kritik an der These vom Mängelwesen ist gewiß da berechtigt, wo sie Gehlen die Vernachlässigung des Gehirns als Steuerungsorgan vorhält; gleichwohl erscheint sie in den Teilen anfechtbar, in denen sie diese These undialektisch abhandelt und dabei mißversteht.

1.1.3 Helmuth Pleßner

Die unmittelbare zeitliche und persönliche Nähe zu Scheler hat Helmuth Pleßner nicht gehindert, das Problem der Weltoffenheit in einem eigenständigen anthropologischen Entwurf zu reflektieren. Ausgehend von einer Theorie der lebendigen Form, deren Thema das Verhältnis des Körpers zu seiner Begrenztheit ist und für die der Begriff der Positionalität den Leitfaden der Untersuchung abgeben sollte, kulminieren Pleßners Erkenntnisse in einer eigenwilligen dialektischen Fassung der menschlichen Lebensform. Die Situation des Menschen ist nach dieser Auffassung im Unterschied zur offenen Form pflanzlicher Organisation und zur zentrischen Lebensform des Tieres durch eine unverwechselbare Exzentrizität gekennzeichnet. Der Mensch, der imstande ist, sich zu sich selbst zu verhalten, hat seinen Schwerpunkt außer sich; er findet seinen Sinn sowohl innerhalb wie außerhalb seines Leibes, er ist sich selbst weder der Nächste, noch der Fernste, und er kommt zu seiner Subjektivität nur über die Produkte seiner Entäußerung. Pleßner hat für diese uneindeutige und konflikthafte Wirklichkeit immer wieder andere dialektische Formulierungen geprägt, am bekanntesten ist das Gesetz der vermittelten Unmittelbarkeit. Recht gut ist es ihm gelungen, die offene Beziehung des Menschen zur Welt auch von der Struktur des Körperbauplans (der Körperaufrichtung, dem Auge-Hand-Feld, der Offenheit von Sensorik und Motorik, um nur wenige Momente zu nennen) herzuleiten und von den Verhaltensmöglichkeiten des Tieres abzusetzen. Das Tier geht in seiner Umwelt, die auf die jeweiligen artspezifischen Bedürfnisse zugeschnitten und filtriert erscheint, als einer geschlossenen Lebenssphäre auf.

Anders als in den bisher aufgeführten Ansätzen sieht Pleßner aber das Verhältnis von Umweltbindung und Weltoffenheit. Eine einfache Gegenüberstellung reicht so wenig wie die Annahme eines schlichten Nebeneinanders aus, wo es um die menschliche Weltbeziehung geht. Da der Mensch kein leibloses Wesen ist, kann ihm eine uneingeschränkte Weltoffenheit nicht zukommen. Bedingtheit, Indirektheit und Gebrochenheit kennzeichnen das menschliche Weltverhältnis unausweichlich. Das schwankende Verhältnis von Umweltbindung und weltoffener Lebensform ist beim Menschen nicht zu einem harmonischen Ausgleich zu bringen. Pleßner spricht auch hier von einer dialektischen Verschränktheit: der Möglichkeit zur umweltartigen Schließung steht die Möglichkeit der Öffnung zur Welt gegenüber, zugleich ist aber auch die eine Möglichkeit in und an die andere gebunden.

Die Welt als offene und hintergründige Gesamtsphäre, als Sphäre des hypothetisch Konjunktiven, bleibt den Tieren sozusagen erspart. Denn diese Welt ist eine sprachlich erschlossene Welt, die in der Tat mit einer tierischen Umwelt im Uexküllschen Sinne unvergleichbar ist. Sprache erzeugt mehrdeutige Möglichkeiten. Diese Erweiterung der objektiven und subjektiven, innerpsychischen Möglichkeiten bereichert und entgrenzt, schafft neue Chancen wie dem Tier unbekannte Unsicherheiten; Pleßner zeigt dies nicht nur in der Ebene von Sprache und Intelligenz, sondern eindrucksvoller noch an Phänomenen wie Lachen und Weinen, dem Gebrauch der verschiedenen Sinne oder am Rollenverhalten der Menschen. Seine Ästhesiologie dürfte eines Tages als pädagogisch bedeutsamster Teil seiner Arbeit entdeckt werden. Weltoffenheit reicht tief hinein in die Perzeption und die Motorik; es gibt Weltoffenheit nicht nur im Geiste, sondern auch in der Sphäre sinnlicher Wahrnehmung, der leiblichen Orientierung und Haltung. Aber auch dieser Weltoffenheit ist in der Verschränkung körperlicher und sprachlicher Medialität jene Gebrochenheit eigen, die eine naive Vorstellung von Offenheit nicht zuläßt. Im ganzen kann der Mensch seiner exzentrischen Lebensform nicht ansichtig werden. Die Weltoffenheit fällt in einem letzten Sinne mit der Verborgenheit des Menschen für sich selbst zusammen. Allen Letztbegründungsversuchen antwortet Pleßner auf seine Weise radikal mit der Formel vom »homo absconditus«.

Pleßner sieht sich heute vor allem der Kritik der modernen biologischen Verhaltensforschung ausgesetzt, daß seine Darstellung des Unterschieds von Mensch und Tier in ihren disjunktiven begrifflichen Fassungen kein angemessenes Verständnis für das organische, phylogenetische und vielleicht auch kulturgeschichtliche Werden der menschlichen Eigenart aufkommen lasse.

1.2 Lernprozesse und angeborene Strukturen — Neuere Forschungsansätze

Die Bildsamkeit des Menschen, die ganz unvergleichliche Lernfähigkeit, über die er verfügt und die ihn gegenüber den Tieren in eine Sonderstellung versetzt, hängt, wie sich aus den bisherigen Ausführungen entnehmen ließ, zuinnerst mit seiner Weltoffenheit zusammen. Spezifisch menschliches Lernen ruht also auf Bedingungsstrukturen auf, die insgesamt, wenn auch nicht in einem ungebrochenen, sondern eher ambivalenten Sinne, offen sind bzw. die Herstellung von Offenheit möglich machen.

Wie sind aber die Bedingungsstrukturen selbst bedingt? Neuere Forschungen versuchen, diese Frage gleichsam tiefer ins organische Substrat und in die Evolution hineinzutreiben. Dabei wird die in der philosophischen Anthropologie zurückgedrängte Problematik angeborener Strukturen in einer gewiß gegenüber früheren Vorstellungen verschobenen Sicht erneut akut. Einige Aspekte dieser Diskussion sollen im folgenden dargelegt werden.

1.2.1 Dieter Claessens: Die Funktion der Familie und die Hypothese von den formalisierten Instinktprinzipien

Dieter Claessens hat schon in seiner ersten größeren Veröffentlichung die Theorie der exzentrischen Positionalität und der Weltoffenheit des Menschen nicht einfach hingenommen, sondern die Genese dieser Situation zum Thema einer sozialanthropologischen Studie gemacht. Wie kommt denn der Mensch in diese chancenreiche, aber ebenso prekäre Situation hinein? Und bedarf er nicht einer elementaren Sicherung, bedarf er nicht eines Gegengewichts gegen Instinktverlust und allseitige Offenheit, wenn die Erhaltung der Art nicht völlig in Frage gestellt sein soll?

Claessens Antwort ist für den Pädagogen nicht neu, und dennoch muß man feststellen, daß seine Theorie als Beitrag für die pädagogische Anthropologie nicht hinreichend gewürdigt worden ist. Für Claessens weist das Welterleben des kleinen Kindes zunächst durchaus viele Züge auf, die sich mit Kategorien der biologischen Umweltlehre fassen lassen, man denke nur an die — im wörtlichen Sinne — andersartige Dimensioniertheit der Geschehnisse und das Ausgeliefertsein des Kindes an die nahestehenden Erwachsenen. Wie ist es dennoch möglich, Weltoffenheit zu erlangen?

Das Kind bedarf gleichsam einer zweiten Geburtshilfe, durch welche die Möglichkeit, Kultur in sich aufzunehmen, realisierbar wird. Es muß aus der Mängelsituation, der totalen Hilflosigkeit, in die Situation existentieller Gebrochenheit, der Weltoffenheit im Pleßnerschen Sinne gebracht werden, ein Vorgang, der sowohl problemlösend wie problemschaffend ist. Diesen Vorgang übernimmt die Kernfamilie, jene Primärgruppe, die als Nest dichtester sozialer Kontakte zugleich Medium der Arterhaltung und der Gewährleistung kultureller Kontinuität ist. Die Kernfamilie also leistet mit der Soziabilisierung des Nachwuchses und der Enkulturation die maßgebliche Hilfe bei der zweiten, sozio-kulturellen Geburt des Menschen. Die Elementarerziehung — so können wir ruhig nennen, was hier in der Familie geschieht — führt in kulturspezifische Emotionen, in Rituale, Denk- und Verhaltensweisen ein, vermittelt notwendige Entlastungstechniken und hilft bei der Verankerung von Werten und gesellschaftlichen Normen. (Den Einzelheiten, wie z. B. die erste Stilisierung von Intentionalität im Schmekken vor sich geht, welche Funktion Familienrituale bekommen, wie sich über Introjektionen das maternale, paternale und schließlich das kulturelle Über-Ich aufbaut, wie mit den sozialen Rollen Erwartungshaltungen erworben werden usw., kann hier nicht nachgegangen werden.) Weltoffenheit, das wird ganz deutlich, kommt nur zustande, wenn das Kind Distanznehmen auf dem Hintergrund von Vertrauen lernt. Die Familie ist der Ort, wo über dauernd in sich rückgekoppelte Prozesse emotionale Sicherheit erworben wie auch das Ertragen von Distanz eingeübt werden kann.

In einem weiteren Werk, dessen Aspektreichtum hier ebenso wenig ausgeschöpft werden kann, unterzieht Claessens die Auffassung von der Offenheit i. S. einer schier unbegrenzten Beeinflußbarkeit und Lernfähigkeit des Menschen einer Kritik. Die Auseinandersetzung bezieht Theoreme von Scheler, Gehlen und Pleßner ein, ohne sich auf sie zu beschränken. Nicht wenige Aussagen der bisherigen Anthropologie werden dabei übernommen; die Rolle, die Zerebralisation, Spracherwerb, Körperausschaltung, Gruppenbildung usw. bei der Entstehung von Offenheit bzw. bei der Bewahrung vor dem Rückfall hinter die einmal erlangten Möglichkeiten spielen, wird kenntnisreich und in eigenwilligen Gedankenkombinationen entwickelt. Die philosophische Anthropologie, meint Claessens, hat die Lösung des Menschen aus der tierischen Befangenheit richtig thematisiert, sie hat aber Erkenntnisse über das evolutionäre Erbe des Menschen, über das Gewordensein seiner Natur sträflich vernachlässigt. Schon in seinem ersten Werk hatten sich Claessens' Überlegungen auf die Gegengewichte konzentriert, die der Weltoffenheit mit ihren Risiken korrespondieren müssen. Gibt es nicht angeborene, also in den Organen mitgeführte Leistungen, die die Ausarbeitung jener offenen Handlungsmöglichkeiten erleichtern und abstützen? Es ist sehr bezeichnend, daß Claessens an dieser Stelle an W. Metzgers Gestaltpsychologie anknüpft. Metzger hatte schon früher die Meinung vertreten, die philosophische Anthropologie unterschätze die angeborenen, gesetzmäßigen Ordnungsvorgaben, wie sie schon in der visuellen Wahrnehmung Neugeborener nachzuweisen seien. Dieser Frage, ob und in welchem Umfang angeborene Regeltendenzen menschliches Verhalten in der Welt mitbestimmen könnten, geht er deshalb unter Berücksichtigung neuerer biologischer Erkenntnisse, aber nicht ohne einen Schuß spekulativen Wagemuts nach. Sollte es eine solche artspezifische Mitgift geben, so wäre eine doppelte Problematik zu durchdenken: inwiefern nämlich der Mensch durch sie beschränkt, aber vielleicht auch gestützt wird.

Unter diesem Blickwinkel richtet sich das Augenmerk auf die in der Anthropologie zu rasch übersprungene Instinktproblematik. Kann man die Wirksamkeit von Instinktmechanismen beim Menschen so ohne weiteres abstreiten? Könnte nicht die Hypothese, daß es auch im menschlichen Verhalten noch leitende Instinktprinzipien gebe, ernsthafter diskutiert werden? Gehlen hatte immerhin mit der Rede von Instinktresiduen oder Instinktstümpfen eine unbestimmte und wohl minimale Wirksamkeit zugestanden und in seiner Abhandlung über das instinktive Ansprechen auf Wahrnehmungen in ergiebiger Weise belegt.

An diesen Gedankengang kann Claessens anknüpfen. Er nimmt an, der Instinktapparat habe im menschlichen Leben die im tierischen Verhalten konstatierbare Funktion insofern eingebüßt, als er den Bezug zu konkreten Auslösern und damit die Aufgabe einer speziellen Anpassung an eine engumrissene Merkwelt verloren hat. Konkrete Triebziele sind ihm fast nicht mehr zuzuordnen. Wenn es ihn gibt, dann ist der Instinkt beim Menschen von Inhalten entleert und entdifferenziert, er ist diffus geworden und konvertierbar. Diese Entleerung und Dekonkretisierung erweist sich aber als die Kehrseite eines höchst bemerkenswerten Prozesses: der Formalisierung zu Instinktprinzipien, die nun den Rahmen und gewisse Regulierungsbahnen für das menschliche Verhalten abgeben können. Erst durch die Entleerung von allen inhaltlichen Auslöse- und Ablaufsqualitäten entstand jene zugleich Offenheit zulassende wie auch stabilisierende Funktion formaler Instinktprinzipien.

Claessens gibt seiner Hypothese die differenzierte Gestalt eines Systems, in dem sich die einzelnen Prinzipien gegenseitig stützen. Obwohl eine bloße Aufreihung diese Interdependenz nicht zum Vorschein zu bringen vermag, seien die Instinktprinzipien wenigstens genannt: (1) Auslösende Formen, (2) Regeltendenz, (3) Wiederholungszwang, (4) Kooperationsdruck, (5) das Prinzip der kleinen Schritte, (6) die Tendenz zur Bestätigung, (7) die Suche nach dem fehlenden Teil, (8) die Suche nach dem verlorengegangenen Instinkt und (9) die Plan- oder Totalitätstendenz.

Claessens' Begriffsexplikationen vermögen das Befremden, das sich beim Kennenlernen dieser Idee zuerst einstellt, zu einem gewissen Teil zu beseitigen. Die Überlegungen sind in mancher Hinsicht plausibel, in anderen Teilen in ihrer aphoristischen Dichte zumindest interessant. Nur läßt sich der Eindruck nicht verdrängen, daß einige Probleme weniger gelöst, als umformuliert worden sind, denn nun tut sich die Schwierigkeit auf, solche Prinzipien in ihrer Formalität erfahrungswissenschaftlich nachzuweisen, das Funktionieren des komplizierten Zusammenhangs zu erklären und dabei zu zeigen, daß mit dieser eminenten Ausweitung und Neubestimmung der Instinktbegriff nicht überstrapaziert ist. (Wie soll z. B. ein formales Instinktprinzip gedacht werden, das die Suche nach dem verlorengegangenen Instinkt steuert? Welche Disposition zum Reflexivwerden wird da in das Instinktsystem hineinprojiziert?)

Trotz aller Einwände im einzelnen (angesichts der Verschiedenartigkeit dessen, was da in den Rang von Instinktprinzipien erhoben wird) sollten Untersuchungen, die sich aus anthropologischem Interesse in dieses weite Feld hineinbegeben, gefördert werden. Weltoffenheit ist eben nicht einseitig als Distanzierung von animalischen Vor-Ordnungen faßbar; das in ihr steckende Problem besteht eher im Zusammenwirken von Distanzierungs- und Ordnungstendenzen. Nur von dieser Wechselbeziehung aus kann jenes Wesen begriffen werden, das von Natur ein Kulturwesen ist, fähig, selbst eine Welt zu entwerfen und zu erhalten.

1.2.2 Konrad Lorenz: Die Funktion offener genetischer Programme

Scharfe begriffliche Gegenüberstellungen schaffen oft erst operable Tatbestände. Eine strenge Gegenüberstellung von angeborenen Instinktautomatismen und Lernvorgängen führt jedoch, wie die biologische Forschung zeigt, in Grenzbereichen in die Irre. Reiner Instinkt ist möglicherweise ein Grenzfall, und Übungs- und Lernvorgänge lassen sich möglicherweise in tieferreichenden organischen Funktionen und evolutionären Bereichen nachweisen, als man früher angenommen hat. Der Versuch, die Genese menschlicher Weltoffenheit zu begreifen, sieht sich einmal mehr auf die Frage nach angeborenen Strukturen verwiesen. Daß Pleßner nicht einmal die Möglichkeit angeborener Verhaltensstrukturen des Menschen erwogen hat, ist für K. Lorenz ein Anlaß, die philosophische Anthropologie zu einer Ideologie zu erklären.

Weltoffenes Verhalten ist aus der Sicht von K. Lorenz zu einem großen Teil die Folge domestikationsbedingter Ausfälle starrer angeborener Aktions- und Reaktionsnormen. Er registriert durchaus den Zuwachs an Freiheitsgraden im zweckgerichteten Verhalten und er erkennt das Schwinden bzw. die Erweiterung angeborener Auslösemechanismen als Voraussetzung nichtspezialisierten und vielseitigen (»kosmopolitischen«) Verhaltens. Aber er verzeichnet diese Verhaltensmöglichkeiten bereits bei domestizierten Tieren. Spezialisten des Nichtspezialisiertseins, wie der Mensch einer ist, gibt es nach seiner Auffassung auch in anderen taxonomischen Gruppen (genannt werden Ratten und Raben). Als zentrales Problem erscheint ihm die Explorationsfähigkeit; sie ist, wie Gehlen später zugegeben habe, keineswegs dem Menschen allein zuzuschreiben. Die vielen Zwischenformen zwischen dem spielerischen und dem explorativen Verhalten entwickeln sich aus der operanten Konditionierung heraus; geringfügige Änderungen des Appetenzverhaltens in Richtung einer Generalisierung genügen, daß nicht mehr die ursprüngliche Auslösesituation, sondern die Lernsituation als solche zum Ziel triebbefriedigenden Handelns wird. Wie Gehlen (dessen Verhältnis zu Lorenz einmal genauer zu untersuchen wäre) stellt Lorenz den dialogischen Charakter des explorativen Umgangs mit etwas heraus. Die Lust, zu explorieren, meldet sich bei ausgesprochenen Neugierwesen. Neugier tut sich im Verhalten von Jungtieren in prinzipiell gleicher Weise kund wie beim Menschen. Deshalb Lorenzens These: Weltoffenheit ist keine Eigenschaft, die den Menschen gegen das Tier abgrenzt. Es gibt natürlich gewisse Unterschiede, vor allem hinsichtlich ihrer Persistenz, aber auch qualitativ. Beim Tier ist die Phase weltoffenen Verhaltens auf die Jugendzeit beschränkt, während sie als Befähigung zu aktiv forschendem Tun beim Menschen bis ins hohe Alter erhalten bleibt. Und außerdem ist ja offensichtlich, daß sich erst beim Menschen sprachliche Vermittlung und begriffliches Denken einstellt und eine Welt i. S. eines integrativen Systems entsteht.

Es kann wohl kein Zweifel bestehen, daß sich die Bedeutung des Begriffs der Weltoffenheit in dieser Erörterung eingeengt hat. Welt steht bei Lorenz nicht mehr als Gesamtheit menschen-möglicher, symbolisch vermittelter Verweisungszusammenhänge im Blick, als Inbegriff sozio-kultureller Gegebenheiten, sondern nur noch als Korrelat eines explorativen Verhaltens, das enge und starre Merk- und Wirkweltverschränkungen teilweise auflöst. Man wird also bezweifeln müssen, daß er unter einem sachlichen Umgangsverhältnis dasselbe versteht, was die Anthropologie als Fähigkeit zu sachlicher (nämlich nicht nur zeitweilig interesseloser, sondern die Sache in ihrer Reinheit vor sich bringender) Distanz versteht.

Ein anderer Punkt ist nicht so schnell zu erledigen. K. Lorenz hält die übliche Disjunktion »angeboren vs. gelernt« für abwegig. Daraus ergeben sich Rückwirkungen auf Vorstellungen von der Lernfähigkeit der Tiere wie der Menschen. Auch da gilt es, zwischen einer bestimmten Art von Offenheit und der Lernfähigkeit die richtige Beziehung herzustellen. Lernfähigkeit gründet sich nämlich – auf diesen Punkt gilt es in Zukunft zu achten – auf offene genetische Programme. Besonders bei Neugierwesen sind die phylogenetischen Programme offen. Solche in den Genstrukturen steckende offene Programme zeichnen sich dadurch aus, daß sie neue, nicht vorhandene Informationen zu erwerben und bereitzuhalten imstande sind. In solchen Fällen sind im Genom deshalb nicht weniger, sondern mehr Informationen anzunehmen als im Falle starrer angeborener Verhaltensweisen. (Welche Probleme entstehen, wenn ein solches offenes Programm als kognitiver Mechanismus beschrieben wird, soll weiter unten noch angedeutet werden.) Je ausdrücklicher man von Lernen spricht, desto zwingender muß man nach Lorenz ein Verhaltenssystem ansetzen, das einen großen Schatz genetischer Information zur Verfügung hält, ein genetisches Programm also, das vielfältige Möglichkeiten zu adaptiven Modifikationen bietet. Angeborene Strukturen in der Art offener Programme müssen folglich bei der Erklärung weltoffenen Verhaltens auch von der Anthropologie unterstellt und theoretisch stärker berücksichtigt werden. Natürlich gehört zur Ausnützung solcher offener Möglichkeiten eine spezifische Aktivität, es gehören dazu bestimmte emotionale Bereitschaften, spezifische Objektivationsleistungen der Wahrnehmung und syntaktische Formen des Sprechens. Aber alle diese spezifisch menschlichen Leistungen verweisen nach Lorenz auf die offenen genetischen Programme als entscheidendes Forschungsgebiet. Nebenbei zeigt sich an dieser Stelle sein Abstand zum Behaviorismus. Er ist weit entfernt davon, so staunenswerte Erscheinungen wie den kindlichen Spracherwerb auf den Nenner einer tabula-rasa-Lehre bringen zu wollen, wie dies die empiristische Verhaltenspsychologie in einigen ihrer Vertreter noch will. Lernen gründet in angeborenen Strukturen, wenn auch nicht in der Art fixer Mechanismen, sondern in offenen genetischen Programmen.

(Im Vorübergehen sollte noch darauf hingewiesen werden, daß auch A. Portmann sich gegen die einseitige Hervorhebung von Instinktarmut und aus ihr resultierender Unsicherheit im menschlichen Verhalten geäußert hat. Solche Aussagen bleiben ihm zu vage und negativ. Auch er hebt die Zahl der Erbkoordinaten hervor, die das menschliche Verhalten zur Umwelt präfigurieren; sie sei jedenfalls nicht geringer als bei höheren Tieren. Die besondere Freiheit der Zuwendung, die Offenheit zur Welt ist nach ihm eine Folge des Umbaus der Struktur des Appetenzverhaltens. – In allen den Darwinismus betreffenden Fragen ist Portmann ein Antipode von Lorenz, in diesem Punkte jedoch nicht.)

1.2.3 J. Piaget: Organische Regulationen und kognitive Prozesse

Weltoffenheit ist kein Begriff J. Piagets. Das hängt nicht nur mit seiner vergleichsweise bescheideneren Kenntnis deutschsprachiger Literatur, sondern mit seiner Abneigung gegen die phänomenologische und anthropologische Untersuchungsweise zusammen. Es wird dennoch von Interesse sein, in welcher Brechung die Genese der Offenheit, die menschliches Lernen ermöglicht, in der biologischen Epistemologie seiner späten Arbeitsphase erscheint.

Man greift im übrigen nicht fehl, wenn man feststellt, daß die polare Spannung zwischen Welt und Umwelt in dem Maße abgebaut erscheint, in dem man dem evolutionären Denken den Vorrang gibt. Typisch für den deutschen Sprachbereich ist z. B. eine Untersuchung von M. Liedtke zur pädagogischen Anthropologie, die sich auf Heberer, Lorenz, Leyhausen u. a., nicht aber auf Vertreter der philosophischen Anthropologie beruft; Weltoffenheit ist auch da kein tragender Begriff mehr. Eine Zunahme an Offenheit i. S. der sich erweiternden Anpassungsmöglichkeiten des Organismus kennzeichnet einen allgemeinen Möglichkeitsgewinn im Laufe der Evolution. Rensch, Lorenz und Liedtke sprechen deshalb von einer Zunahme an Freiheitsgraden in der Evolution und vermeiden jede schroffe Gegenüberstellung streng determinierten Verhaltens und freien Handelns in einem Vergleich von Tier und Mensch. So wird auch der lebendige Organismus des Menschen als Stufenbau offener Systeme mit allen möglichen Übergängen betrachtet.

In diesem Rahmen sollte man auch die Leithypothese J. Piagets sehen, die den Kern seiner Abhandlung über Biologie und Erkenntnis darstellt. Er weist selbst auf den benachbarten Versuch von K. Lorenz hin, Erkenntnistheorie als (biologische) Apparatenkunde zu betreiben. Diese Leithypothese lautet: Kognitive Prozesse (also Vorgänge, die an der Erkenntnisbildung beteiligt sind) reflektieren organische Selbstregulierungsprozesse und sind als deren Resultante zu begreifen. Die Disposition des Menschen, die sein eigentümliches Können und seine Beweglichkeit ausmacht, die Fähigkeit zum Denken, zum Forschen, zum Handeln als logisches Subjekt, muß zurückverfolgt werden zu den strukturalen und operationalen Quellen der Logik, so wie die Lernfähigkeit zurückverfolgt werden muß in Richtung auf elementare Anpassungsleistungen in Form von Assimilation und Akkommodation. Bei diesem Forschen nach den Ursprungsstellen dieser Fähigkeiten stößt man aber nirgendwo auf einen klar bezeichenbaren Beginn. Die kognitiven Schemata reflektieren die Hauptmechanismen der organischen (hormonalen, nervösen, sensorischen, motorischen usw.) Selbstregulation; sie sind im strengen Sinne anfangslos.

Jede Fähigkeit, die im psychogenetischen Prozeß zutage tritt, verweist bereits auf eine zugrunde liegende Struktur, jede dieser Strukturen verweist ihrerseits aber auf eine bereits stattgehabte Genese; Prozeß und Struktur sind ineinander kreisprozeßartig verflochten, implizieren sich gegenseitig oder setzen einander, mit anderen Worten, dialektisch voraus. Piaget bedient sich heute mehr und mehr kybernetischer Erklärungsmodelle, um diese zirkuläre Interaktion, die für den Bestand eines offenen Systems unentbehrlich ist, als zentrales Geschehen sichtbar zu machen. Nur durch die Annahme zyklischer Ordnungen (die die »kybernetische Kausalität« ausmachen) läßt sich das Beziehungsverhältnis von Leben und Erkenntnis plausibel machen.

Nun darf man Piaget aber nicht vorwerfen, er wolle alle komplexeren Intelligenzleistungen auf elementare Anpassungsleistungen i. S. einer »nichts anderes als . . .«-Formel zurückführen. Er hält einen deutlichen Abstand zu reduktionistischen Lerntheorien. Wenn er von partiellen Strukturisomorphien organischer und kognitiver Prozesse spricht, so ist auch die Frage nach den Unterschieden bzw. nach der Richtung der Fortentwicklung von Interesse. Piaget betont die Analogien — so ist nach seiner Auffassung nicht zu leugnen, daß es klare Entsprechungen zwischen biologisch beschreibbaren Austauschprozessen im Organismus und kognitiven Interaktionsformen gibt; die Bipolarität von Affirmation und Negation ist z. B. in der Beziehung von Erleichterung (oder Verstärkung) und Hemmung auf verschiedenen Stufen der organischen Regulation schon angelegt. Aber es gibt eine Ausbaurichtung: je höher die Leistung, desto stärker ist sie fähig, zur Selbstregulation beizutragen. Über eine ganze Folge von organischen, präoperatorischen und kognitiven Leistungen entwickelt sich die menschliche Vernunft, die, was die Freiheit zu operatorischen Konstruktionen angeht, in der Evolution etwas Einmaliges darstellt. Die kognitiven Prozesse machen sich die organischen Selbstregulationssysteme zunutze und reflektieren ihre Mechanismen, die kognitive Organisation selbst verfügt aber über die ganz neue, unableitbare Fähigkeit zu fortschreitender Trennung von Inhalt und Form; durch sie erlangt sie eine reversible Mobilität, eine dynamische Stabilität und eine universelle Reichweite in zeitlicher wie in räumlicher Hinsicht, die auf der Stufe einer rein biologischen Organisation schlechthin unerreichbar ist. Piaget versteht die kognitiven Prozesse also als die differenziertesten Steuerungsorgane der Organismen; sie erweitern beim Menschen den lebensdienlichen Austausch in einmaliger Weise bis zur Interaktion mit dem ganzen Universum. So wird auch die Logik von Piaget in diesem Bezugsrahmen als System von Selbstkorrekturen gesehen, das am weitesten entwickelt worden ist, was Reversibilität und Konstruktivität angeht. Unterhalb der erst mit dem Menschen erreichten Stufe der Trennung von Inhalt und Form ist sie nicht denkbar. In sehr eigenwilliger Weise setzt Piaget dann aber die mathematischen Funktionen aus dem Verband der kognitiven Funktionen heraus: Die kognitiven Funktionen stehen nach seiner Auffassung unter dem Aspekt der Selbstregulierung den biologischen noch viel näher als die mathematischen in ihrer Allgemeinheit.

Diesem theoretischen Ansatz ordnet Piaget auch Probleme wie Instinkt und Umweltbezug ein, die für anthropologische Bestimmungen früher ein Widerlager boten. Instinkt und Intelligenz sind für ihn zwei Stufen des epigenetischen Systems. Die Intelligenz beerbt die Instinktstrukturen, setzt sie fort und bereichert sie. Damit ist natürlich ein entsprechend funktionsfähiger Instinkt vorausgesetzt, ein System koordinierter Schemata und unbewußter Antizipationen, dessen interne Logik durch eine »Epistemologie des Instinkts« herausgearbeitet werden müßte. Piaget kann, den Schemacharakter des Instinkts betonend, direkt vom Instinkt als Logik der Organe sprechen. Es scheint ihm bemerkenswert, daß die jüngere Biologengeneration den reinen Instinkt sowieso als Grenzfall ansieht, deshalb weist er besonders auf die Lern- und Übungsfaktoren hin, die sich an früher nicht vermuteten Stellen bis hinein in die embryonale Entwicklung nachweisen lassen. Kurz: auch hier sind ihm die Übergänge und Korrespondenzen wichtiger als eine scharfe Gegenüberstellung von Instinkt und Intelligenz. Auf der anderen Seite bezeichnet die oberste Evolutionsstufe, auf der der Mensch auftritt, doch eine Bruchstelle. Piaget spricht nicht von einem Instinktverlust, sondern von einem Auseinanderbrechen des Instinkts. Wohl nicht unmittelbar, sondern aufgrund von Ereignissen und Auseinandersetzungen, deren Darstellung Piaget ausspart, ergibt sich auf diesem Hintergrund eine Aufspaltung in zwei Formen kognitiver Regulation, die das menschliche Verhalten zur Umgebung in entscheidender Weise prägen: die Aufspaltung in Formen der Erkenntnis der äußeren Welt aufgrund von Erfahrung, wie wir sie als praktische Intelligenz bereits bei Anthropoiden und als technische Intelligenz beim Menschen kennen, und in die Bildung mathematischer Strukturen. Fängt mit dem Zerbrechen des Instinkts eine neue kognitive Entwicklung an, so stellt die Herausbildung mathematischer Operationen mit ihren konstruktiven Organisationsmöglichkeiten erst die höchste Stufe menschlicher Selbststeuerungsfähigkeit dar.

Das Umweltproblem erhält eine entsprechend modifizierte Fassung. Piaget hält, im Gegensatz auch zu einigen Biologen, am Umweltbegriff für den Menschen fest; schließlich sei, so meint er, biologisch gesehen die Gesamtheit der Objekte auch da ein Ensemble von Reizen und damit Umwelt. Das ist in dieser Form natürlich ein schwaches Argument, aber sehen wir davon ab. Piaget geht es einmal mehr um die durchgehende Entwicklungsrichtung, in die die Anthropogenese eingebettet erscheint. In aufsteigender Evolutionsrichtung zeigt sich bei den Tieren eine langsame, beim Menschen immer mehr beschleunigte Erweiterung von den vitalen zu den kognitiven Bedürfnissen hin und damit eine Erweiterung der Umwelt bis zur Interaktion mit dem Universum. Die Grenzen des offenen Systems schieben sich immer weiter hinaus. Im gleichen Zug wachsen aber auch die Probleme. Offene Systeme sind ständig bedroht. Weil das offene System störanfällig ist, zielt alle regulative und zunehmend selbstregulative Tätigkeit auf die Schließung des Systems. Der Extension des Verhaltens entspricht also die immer wieder neue Umschreibung eines Feldes, das eine für die Systemerhaltung hinreichende Austauschwahrscheinlichkeit gewährleistet. So erklärt es sich, daß Piaget, etwas vereinfacht gesagt, den Akzent weniger auf die Öffnung als auf die Schließung legt, also auf das, was die zur Dezentrierung und zu konstruktiven Operationen fähige menschliche Natur in der Schließung des immer wieder gefährdeten offenen Systems leistet. Wirkliche Geschlossenheit bleibt natürlich ein Grenzwert, da die Diskrepanz zwischen unbewältigter Komplexität und teilweiser operativer Beherrschung als Anlaß des Lernens in der Regel weiterbesteht.

Piaget hielte es für falsch, ein transzendentales Subjekt mit einer Fähigkeit zur Weltoffenheit zu hypostasieren. Wenn er von der Befähigung des Menschen zur Dezentrierung, vor allem aber zur Systemerstellung und -erhaltung spricht, so tut er das im Rahmen eines theoretischen Konzepts, das biologische Erkenntnisse mit informationstheoretischen Entdeckungen verbinden möchte.

Piagets systematische Leistung ist eindrucksvoller, als sich über diese knappe Darstellung zeigen läßt. Ginge es ihm um anthropologische Grundfragen, so müßte wohl erörtert werden, ob mit der Einschränkung des Blicks auf die Genese des operativen Kenntniserwerbs nicht eine Ausblendung anderer Dimensionen des Weltverhaltens einhergeht, die zu einer rationalistischen Verzeichnung der menschlichen Lebenswirklichkeit führt. Aber Piaget mißtraut der Anthropologie zutiefst, deshalb dürfen wir ihn nicht von ihrer Fragestellung her beurteilen. Andererseits erschiene es aber allzu harmlos, Piagets Theorie nur auf einzelne ergänzende Beiträge hin abzufragen (da wäre z. B. aus dem Untersuchungskomplex »Intelligenz des Leibes« manches zu lernen); das Problem ist vielmehr: Welche anthropologischen Implikationen verbergen sich sozusagen wider seine erklärte Absicht in seinem Forschungsprogramm dennoch? Was folgt aus der Hinordnung der Theorie menschlichen Verhaltens auf Systemerhaltung und Systemschließung, was folgt für das Verständnis der Bestimmung des Menschen, wenn die Dialektik von Öffnung und Schließung, von Komplexitätserweiterung und Komplexitätsbewältigung auf einen Primat des zweiten Pols hin stilisiert wird?

1.2.4 Exkurs über die Verwendung des Prädikats »kognitiv«

An dieser Stelle scheint ein Exkurs über die Verwendung des Prädikats »kognitiv« bei K. Lorenz, J. Piaget und anderen Evolutionsforschern angebracht. Es wurde eben darüber berichtet, auf welche Weise der Anthropologie die »Intelligenz des Leibes« als Problem erneut nahegebracht wird. Die Frage nach den Gegengewichten, durch die die menschliche Natur sich gleichsam gegen die Zerstörung durch die aufgerissene Weltoffenheit nicht erst durch künstliche Institutionen, sondern z. T. schon durch angeborene Strukturen sichert, wurde mit Hinweisen auf die Vor-Logik der Organe, auf Vorleistungen organischer Selbstregulierungen, auf die intelligente Operationen zurückgreifen können, auf Informationsverarbeitungsprozesse mit Hilfe offener Programme u. a. beantwortet. (Die remythisierende Rede von der »Natur« möge man für den Augenblick verzeihen.) In diesem Zusammenhang scheint sich mehr und mehr der Gebrauch des Prädikats »kognitiv« durchzusetzen, und zwar mit und ohne Anführungszeichen (zur Kennzeichnung eines metasprachlichen Gebrauchs).

Zunächst seien einige Beispiele genannt. K. Lorenz hält es für legitim, belehrt durch die Forschungsergebnisse der Biokybernetik, den ganzen Organismus als kognitiven Apparat zu betrachten. Der Organismus verfügt über verschlüsselte Information in den Erbkoordinationen. In einem anderen Teil ist von stammesgeschichtlich gespeicherter Information in den Organen die Rede. Anpassungsleistungen hängen mit der Fähigkeit zusammen, Informationen zu gewinnen; in diesem Sinne sind sie kognitive Leistungen. Man kann deshalb all diesen Regelungs- und Verrechnungssystemen eine »Erkenntnisfunktion« zusprechen. Lorenz scheut sich deshalb auch nicht, Verhaltensweisen besonderer Angepaßtheit, die auf Vorgängen kurzfristigen Informationsgewinns beruhen, »einsichtig« zu nennen. An anderer Stelle unterscheidet er wohl, die entstehende Zweideutigkeit bemerkend, zwischen rationalen und ratiomorphen Leistungen; aber er legt Wert darauf, daß zwischen den Prozessen kultureller Tradition und der Leistung des Informationserwerbs und der Informationsspeicherung im Genom eine strenge Analogie besteht (wie streng ist diese Strenge zu verstehen?). Mit einer konstitutiven Seite, so meint Lorenz schließlich, ist das Leben selber ein Erkenntnisvorgang.

Piaget kennt kognitive Funktionen auf allen Stufen des Tierreichs. Das »Gedächtnis« der Protozoen oder ihr »Lernen« ist ein Anfang kognitiver Reaktionen. Die Suche nach einem absoluten Anfang kognitiver Schemata ist allerdings zum Scheitern verurteilt. Mit Vorliebe spricht Piaget von kognitiven Mechanismen, die auf allen Entwicklungsstufen anzutreffen sind. Den Biologen legt er ausdrücklich die Einbeziehung kognitiver Funktionen in die allgemeine Adaptationslehre ans Herz.

Die Rede von »kognitiven« Eigenschaften der Zelle oder der kognitiven Funktion eines Proteins findet man schließlich schon im Werk des Molekularbiologen J. Monod. Er betrachtet Lebewesen als chemische Maschinen, die sich selbst aufbauen. Die Proteine treten dabei als die hauptsächlichen Träger teleonomischer Leistungen in Erscheinung. Sie besorgen die Steuerung der Tätigkeit und sorgen für die funktionale Kohärenz, sind also wesentlich am Aufbau dieser Maschine beteiligt. Diese Leistungen beruhen, wie Monod schreibt, auf der Fähigkeit, andere Moleküle an ihrer Form zu »erkennen«, nämlich so wie sie durch ihre molekulare Struktur festgelegt ist. Monod spricht von den »stereospezifischen« Eigenschaften und meint, man könne hier buchstäblich von einer mikroskopischen Unterscheidungs-, wenn nicht gar einer »Erkennungs«fähigkeit reden. Dieses System ist allerdings unbelehrbar, d. h. unfähig, irgendeine Information aus der Außenwelt einzuarbeiten; Mutationen entstehen durch reinen Zufall. Beim Menschen wird mit der Symbiose von Symbolsprache und Erkennungsfunktion eine ganz andere Evolutionsstufe erreicht.

Hier ging es nicht um fachwissenschaftliche Einzelheiten, sondern lediglich um Belege für einen Begriffsgebrauch. Was spielt sich da eigentlich ab?

Man muß beachten, daß hier nicht von der Simulation intelligenten Verhaltens mit Hilfe kybernetischer Modelle gesprochen wird. Der methodisch reflektierte Mensch-Computer-Vergleich, der heute gleichrangig neben den Mensch-Tier-Vergleich tritt, darf bestimmt großes Interesse beanspruchen. Ob und wieweit solche Modelle geeignet sind, Erkennungs- und Erkenntnisvorgänge darzustellen oder gar aus deterministischen oder statistischen Gesetzmäßigkeiten zu erklären, mag offenbleiben; viele Informationstheoretiker sind bezüglich der Analogiebildung zurückhaltend, betonen den Aspektcharakter der Modelle und wissen, daß nicht einmal eine festgestellte Isomorphie von Strukturen Identität bedeutet.

An dieser methodologischen Vorsicht gemessen wirkt der eben gekennzeichnete Begriffsgebrauch ungenau und mehrdeutig. Die genannten Autoren könnten sich darauf berufen, daß »kognitiv« auch lexikalisch definiert wird als »Erkenntnis betreffend« oder »auf den Erkenntnisvorgang bezogen«, allein: was kann dann alles gemeint sein, wenn man den Akzent nicht auf das Erkennen, sondern vage, fast beliebige Bezüge legt? Die Erkenntnistheorie ist, wo von Kognition die Rede war, bisher stets von der Implikation eines Erkenntnissubjekts und von personal vollzogenen Bewußtseinsvorgängen ausgegangen. Werden Teilfunktionen, z. B. logische Operationen oder technisch arrangierte Diskriminationen an Maschinen delegiert oder im organischen Substrat entdeckt, so ist es eine Angelegenheit wissenschaftlicher Redlichkeit, Analogien durch die Verwendung metasprachlicher Bezeichnungen für die Reflexion der verbleibenden Differenz offenzuhalten, anstatt Mehrdeutigkeit (hier von »kognitiv«)

unbesehen zu tolerieren oder bewußt zu pflegen. Mit vagen Analogieargumenten, und seien sie auch in eine formalisierte Sprache versteckt, lassen sich Erkenntnisse nicht erschleichen. Natürlich kann man, dem Rat des Strukturalismus folgend, alle Bewußtseinsthematik fahrenlassen und davon ausgehen, daß Strukturierungsaktivitäten weit über das Bewußtsein hinaus und unter es hinunter reichen. Aber wo fangen hier Verzeichnungen und Verdrängungen an? Struktur ist bestenfalls eine Art von Wissen, aber noch nicht Erkennen, »Erkennung« ist vermutlich nicht dasselbe wie Erkenntnis, und sieht man genauer hin, so zeigt sich, daß die Differenzen zwischen Lernen und »Lernen«, Gedächtnis und »Gedächtnis«, Einsicht und »Einsicht«, kognitiv und »kognitiv« (vielleicht sogar Information und »Information«) noch große Probleme bergen. Es handelt sich da nicht nur um eine Familienähnlichkeit von Begriffen und auch nicht um einen Streit um Worte. Es handelt sich um die Aufgabe, das spezifisch Menschliche der auf Wahrheitsfindung (und nicht nur Lebensdienlichkeit) bezogenen Erkenntnis- und Lernarbeit auf dem Hintergrund der Vorleistungen des Organismus klar herauszupräparieren, und zwar auch in dem, was seine unverwechselbare Eigentümlichkeit ausmacht. Die Rätselhaftigkeit der Herkunft dieser Vorleistungen sollte nicht zu unbesehen durch unklare Analogien und Projektionen verdeckt werden.

1.2.5 N. Chomsky: Hypothesen über angeborene Spracherwerbsmechanismen

Neben den im Körperbauplan gegebenen Bedingungen und natürlich im Zusammenhang mit ihnen ist als eine dem Menschen allein zukommende Fähigkeit schon immer die Wort- und Satzsprache angesehen worden, und dabei wird es trotz der relativierenden Einwände P. Watzlawicks vorerst wohl bleiben. Die Sprache als Organ einer aktiv zu schaffenden Weltoffenheit zu begreifen, ist ein permanentes anthropologisches Problem. Dazu hat in jüngster Zeit N. Chomsky einen Beitrag geliefert, dessen linguistische Spezialitäten man hier dahingestellt sein lassen kann; von Interesse ist, wie er in der eigentümlichen Verbindung rationalistischer Annahmen mit biologischen Entlehnungen an vorher referierte Erörterungen der Bedingungen weltoffenen Handelns rührt.

Die Sprache ist nach Chomsky der den Menschen bezeichnende artspezifische Merkmalskomplex. Es führt zu nichts, wenn man sie mit Mehr-oder-Weniger-Erwägungen von Formen der tierischen Kommunikation her begreifen will; die Sprache ist ein völlig neues Organisationsprinzip, für das es in der Welt der Tiere keine signifikante Analogie gibt. Die Sprache bezeugt, bis zu welchen Grenzen menschliche Kreativität ausgreifen kann. Die üblichen Analogien versagen deshalb auch, wo es um das Erlernen der Sprache geht. Wäre die menschliche Sprache, wie sie jedes normale Kind lernt, nur das Ergebnis von Gewohnheitsbildungen, von Reiz-Reaktions-Koppelungen und Reizgeneralisierungen, wie sie der Behaviorismus Skinnerscher Prägung zu beschreiben und weitgehend aus Verstärkungsvorgängen abzuleiten versucht, so wäre nach Chomsky unerklärlich, warum es dem Kind gelingt, in der Sprache neue, noch nicht gehörte Gedanken zu äußern, neue Sätze zu verstehen und vermittels der Sprache neues Wissen in relativ reiner Form zu erwerben. Die behavioristischen Annahmen sind viel zu dürftig, den Prozeß des Erlernens der Sprache zu erfassen, zentrale Fragen werden durch sie nicht einmal berührt.

Es ist wichtig, die prinzipielle Auseinandersetzung des Vertreters der generativen Grammatik mit dem Behaviorismus in ihrer vollen Tragweite zu begreifen, zumal sich die behavioristische Lerntheorie eine Zeitlang einer Beliebtheit erfreute, die nur aus dem Bedürfnis nach eingängigen und unkomplizierten Techniken erklärt werden kann. Wäre der Mensch in seinen Grundvermögen völlig plastisch, also beliebig formbar, meint Chomsky, wiese er keine internen Strukturen auf, die man als Bedürfnisstrukturen zu achten und zur Wirksamkeit zu bringen hätte, so wäre der Mensch in der Tat der ideale Gegenstand verhaltenspsychologischer Formung und damit der autoritären Beeinflussung. Das Paradigma der Spracherwerbsforschung zeigt jedoch in schlagender Weise, daß die menschliche Natur eine innere Organisation aufweisen muß, die auf die Möglichkeit freien Handelns und kreativer Selbstäußerung zielt. Ganz im Gegensatz zur Vision des kontrollierten Menschen jenseits von Freiheit und Würde entwirft Chomsky das Bild einer zukünftigen Gesellschaft, in der der Mensch sich Spielräume für Handlungsinitiativen, für produktive Arbeit und Kreativität schafft, und er beruft sich dabei auf eine Sicht der menschlichen Natur und Bestimmung, die Rousseau und Kant, Schelling und W. v. Humboldt bereits gedanklich entwickelt hatten.

Damit stoßen wir, wenn auch in veränderter Form, wieder auf die Suche nach den (inneren) Gegengewichten, nach angeborenen Bedingungsstrukturen, die der Idee einer grenzenlosen Offenheit und Umformbarkeit der menschlichen Natur widersprechen und doch zugleich, recht interpretiert, Rahmenbedingungen für das Existieren in einer sozio-kulturellen Welt abgeben. Chomsky rollt den Komplex mit Hilfe linguistisch inspirierter Hypothesen über den menschlichen Lernprozeß auf. Kinder, das läßt sich empirisch nachweisen, lernen Wörter und Sprachregeln nicht einfach imitativ und durch externe Verstärkung; sie können meistens schon mehr ausdrücken und verstehen, als sich auf diese Weise erklären ließe. Sie verfügen vermutlich über ein Initialsystem, das sie in den Stand setzt, Hypothesen über grammatische Strukturen gleichsam unterbewußt zu erzeugen und im sprachlichen Austausch auf ihre Verwendbarkeit in einer instituierten Sprache zu prüfen. Kürzer gesagt: Beim Sprechenlernen zehren die Kinder von einer angeborenen Fähigkeit, »Theorien« über das sprachliche Vorgehen zu bilden, sie verfügen über eine Art von Prinzipien einer universalen Grammatik, über tiefgelagerte, ziemlich abstrakte Prinzipien, die die Form und die Interpretation von Sätzen bestimmen. Dazu zählt auch die Fähigkeit zur zyklischen Anwendung von Regeln, ohne die z. B. die Bildung unendlich vieler Sätze mit Hilfe einer endlichen Zahl von Regeln nicht denkbar wäre. Diese angeborenen artspezifischen Fähigkeiten, die Chomsky selbst mit den tradierten rationalistischen Vorstellungen von angeborenen Ideen in Verbindung bringt (Descartes und Leibniz werden u. a. genannt), sind nach seiner Auffassung in den wesentlichen Wirkweisen von der Intelligenz unabhängig.

Andererseits zweifelt Chomsky nicht daran, daß dieses reiche System universaler sprachlicher Strukturen oder formaler Regelfähigkeiten engstens mit der Organisation des Nervensystems zusammenhängt. Die Verfeinerung der Schematismen erfolgt natürlich durch Erfahrung im Umgang mit sprechenden Menschen, aber es handelt sich um Lernprozesse, die aufgrund genetischer Programme vonstatten gehen. Im Unterschied zu Claessens hält Chomsky allerdings nichts von Versuchen, im Rahmen dieser Problemstellung biologische Instinkttheorien noch einmal aufleben zu lassen.

Chomsky nimmt schließlich an, daß die gekennzeichneten Spracherzeugungsprinzipien ihrerseits noch von allgemeineren Prinzipien abhängen, die geistige Prozesse determinieren. (Er nennt u. a. die räumliche Orientierung, das logische Denken, Imagination und Handeln.) So gesehen ist die Sprache also von einer allgemeinsten Befähigung zum Gebrauch der Vernunft abhängig. All diese Annahmen angeborener geistiger Strukturen hält Piaget wiederum für entbehrlich. Während Lorenz sich zu Chomsky eher zustimmend äußert und seine Theorie offensichtlich als Bestätigung seines eigenen Ansatzes aufnimmt, kritisiert Piaget die von Chomsky erneut aufgerissene Dichotomie von angeborenen und vererbbaren geistigen Strukturen einerseits und äußerem, kulturellem Erwerb andererseits. Nach seiner Auffassung gibt es eine dritte Denkmöglichkeit, die allein zur Erklärung der Entstehung von so etwas Komplexem wie der Sprache beim einzelnen Menschen beitragen kann, die Annahme innerer Ausgleichs- und Selbstregulierungstendenzen, die eine Richtung vorgeben, aber zugleich mit einer Ausarbeitung in Stufen bis hin zu operativen Konstruktionen vereinbar sind. Man wird zusehen müssen, wie sich in diesem Bereich Forschungshypothesen verfeinern lassen und ob Chomsky historisch-pragmatischer, Piaget in seinen epistemologischen Prämissen differenzierter argumentieren kann. Von der Dürftigkeit behavioristischer Annahmen sind beide wohl gleich weit entfernt.

1.2.6 Nochmals K. Lorenz: Fulguration

Lorenz, Piaget und Chomsky gehen schließlich auch darin über behavioristische Theoreme hinaus, daß sie eine Reduktion komplexer Lernvorgänge und Strukturen auf elementare vermeiden. Höheren Strukturen wird man sachlich nur gerecht, wenn man sie auf dem Niveau ihrer Komplexität untersucht und nicht gleich auf niedere Strukturen zurückzuführen versucht. Es gibt keine glatte, lineare Kontinuität der Evolution, die man nur einfach rückwärts lesen müßte, um Erklärungen zu erhalten.

Wie steht es dann aber um die Genese jener angeborenen Strukturen als Bedingungen der Möglichkeit von Weltoffenheit? Die Annahme offener genetischer Programme ist sicher notwendig, aber sie reicht nicht zu. Offene Programme lassen sich schon auf früheren Stufen nachweisen. Es gibt auch Fähigkeiten, die sich mit menschlichen Leistungsmöglichkeiten vergleichen lassen, die aber im Tierreich sozusagen partiell oder isoliert in Erscheinung treten. Was den Menschen ausmacht, was ihn buchstäblich entstehen ließ, war die Integration solcher unabhängig voneinander bereits funktionierender »Untersysteme« auf einer höheren Ebene. Lorenz bezeichnet einen solchen in der Phylogenese einmaligen Vorgang bildhaft als eine Fulguration, d. h., er versteht ihn als momentane Schließung verschiedener Ursachenketten zu einem neuen Wirkungskreis, in dem neue Systemeigenschaften zutage treten, die nicht durch graduelle Änderungen zu erklären sind. Solche Fulgurationen hat es natürlich in der Phylogenese immer wieder gegeben.

Die Entstehung des Menschen bleibt dennoch auch für die Forschung ein unerhört komplizierter Vorgang. Lernen durch Erfolg und Mißerfolg, abstrahierende Wahrnehmungsleistungen, Raumorientierung, Neugierverhalten, Willkürbewegungen in Verbindung mit Rückkopplungsprozessen, Nachahmung, ja auch Organe wie die Hand als Greiforgan — sie alle erscheinen bereits auf verschiedene Tiergattungen »verteilt«. Strukturelle Züge menschlichen Verhaltens treten, so F. J. J. Buytendijk mit einem anderen Bild, bereits bei anderen Organismen inselhaft in Erscheinung. Aber erst im historisch einmaligen Zusammenschluß, in der Fulguration werden die Bedingungen für den Gebrauch der Wortsprache und für das begriffliche Denken im vollen Sinne hergestellt, aus denen im gleichen Zuge dann die Dimension kultureller Tradition und über die Selbstwahrnehmung auch die Dimension des Selbstbewußtseins entsteht.

Damit setzt sich der Mensch aber auch mit einem Hiatus von der vorherigen Evolution ab, der nach Lorenz nicht geringer ist als jener, der die belebte von der unbelebten Materie trennt. Das geistige Leben ist nach Lorenz im strengen Sinne eine neue Art von Leben. Die Emanzipation zu dem, was von einer Seite her gesehen die Weltoffenheit des Menschen genannt werden kann, führt nun die Gefahr des Vergessens oder Verdrängens der evolutiven Vorgeschichte mit sich, mit Folgen, die neben Lorenz kein Forscher so eindrucksvoll beschreibt wie R. Bilz in seinen Studien zu einer Paläoanthropologie; auch sie harren noch der Aufarbeitung.

1.3 Zum Möglichkeitsproblem

Der Mensch ist in einer mit anderen Lebewesen unvergleichlichen Weise ein Wesen der — geahnten, erkannten, ersehnten, verwehrten, verlorenen, wiedergewonnenen usw. — Möglichkeiten. Irgendwie kulminieren alle Erörterungen über Weltoffenheit im Begriff der Möglichkeit. Wie wird man der modalen Problematik in dieser Erörterung gerecht?

Gemessen an den vielen Nebensächlichkeiten, die zu bearbeiten die Lernforschung sich heute befleißigt, sind Untersuchungen über Lernbedingungen, die sich aus der temporalen Verfassung menschlichen Lebens ergeben, auffallend selten geblieben. Man muß auf den Zusammenhang von Temporalitätsstruktur und Modalproblemen deshalb erneut aufmerksam machen. Die folgenden Ausführungen sind nicht als ergänzende Nachträge anzusehen; man könnte vielmehr behaupten, daß ohne die Erörterung des Möglichkeitsproblems ein brauchbarer Zugang zur Weltoffenheit und zu den Bedingungen menschlichen Lernens überhaupt nicht zu gewinnen ist, im weiteren Sinne auch nicht zu einem Verständnis von Welt und Sinn.

1.3.1 Martin Heidegger: Dasein als Sein-können

Als schärfste und konsequenteste Untersuchung der temporalen Struktur muß immer noch M. Heideggers Daseinsanalyse gelten. Die Frage, ob sie für eine anthropologische Fragestellung in Anspruch genommen werden darf, ist an dieser Stelle, obwohl wir für die Differenz zwischen seiner Intention und anthropologischen Fragen nicht blind sein dürfen, ohne Belang.

Heidegger arbeitet den Unterschied zwischen dinglichem Vorhandensein und menschlichem In-der-Welt-sein heraus, indem er das letztere von seiner Vollzugsart und Selbstbezüglichkeit her analysiert. Vorhandene Dinge haben Möglichkeiten bestenfalls wie Zugaben (Verwendungseigenschaften o. ä.) an sich. Menschliches Dasein dagegen, das sich verstehend zu sich selber verhalten kann, ist primäres Möglichsein. Der Mensch existiert wesensmäßig »umwillen seiner selbst«. Hier muß man alle dinglich-statischen Vorstellungen bei der Beschreibung hinter sich lassen: der Mensch ist wesensmäßig Überstieg, ist Intentionalität auf dem Grunde von Transzendenz, er vollzieht sein Dasein als Sein-können. Heidegger nennt die Möglichkeit ein Existential, d. h. sie ist die ursprünglichste und letzte positive Bestimmtheit des (hier immer: menschlichen) Daseins. Möglichsein ist also nicht irgendein Aspekt unter anderen im menschlichen Verhalten, sondern die Grundbestimmung, die den Menschen im ganzen durchherrscht.

Heidegger klärt das Gemeinte im Rückgang auf die Zeitlichkeit des Daseins. Der Mensch ist die Stelle, an der sich das Auseinandertreten der drei Ekstasen der Zeitlichkeit, die wir als Gegenwart, Vergangenheit und Zukunft kennen, als Zeitigung ereignet. Es spricht zwar vieles dafür, daß auch höher entwickelte Tiere Retentionen und Protentionen im vitalen Vollzug kennen, also ein subjektives Verhältnis zur Zeit i. S. der erlebten Zeit haben, aber da handelt es sich doch um vergleichsweise eingeengte, nicht reflexiv auf Distanz zu bringende Verhaltensmöglichkeiten. Der Mensch dagegen vermag sich nicht nur, er muß sich zur eigenen Zukunft und im Vorlaufen in diese Zukunft zugleich zu seinem aus der Vergangenheit mitgebrachten Fundus verhalten; er bewegt sich stets irgendwie über sich hinaus, ist sich vorweg bei . . ., ist noch nicht, was . . ., ist als Seinkönnen in diesem bestimmten Sinne stets »mehr«, als sich an ihm momentan wahrnehmen läßt. Dieses Gerichtetsein und Bereitsein für . . . braucht ihm nicht voll bewußt zu werden, es durchzieht als eine Art vorprädikativer Offenheit auch seine triebhaften und emotionalen Befindlichkeiten. Die Bewegung des immer wieder zu vollziehenden Vorlaufens in zukünftige Möglichkeiten und des Zurückgreifens auf das Gewesene bildet die

Grundzüge der Zirkelstruktur des Verstehens, die die Verfassung des Daseins ausmacht.

Der »Lauf« der Zeit ist nicht umkehrbar. Daseinsmöglichkeiten sind definitionsgemäß etwas, was man »vor sich« hat. Deshalb räumt Heidegger unter den drei Ekstasen der Zeitlichkeit der Zukunft einen Vorrang ein. Das »Woraufhin« des Entwurfs von Daseinsmöglichkeiten nennt er formal »Sinn«. Der primäre Sinn des Sich-entwerfens ist die Zukunft. Gerät damit aber das Projizieren von Daseinsmöglichkeiten nicht in eine offene, schlechte Unendlichkeit? Worauf soll es im ganzen hinaus? Gibt es kein Kriterium für das Ganz-sein des Daseins? An dieser Stelle setzt Heideggers Explikation des Todes als der eigensten und unüberholbaren Möglichkeit des einzelnen Menschen ein. Auch das Tier stirbt, aber es kann nach allem, was wir von ihm wissen, zu dieser Möglichkeit kein gestaltendes, reflektiertes Verhältnis gewinnen; es verendet. Im radikalen Unterschied dazu tritt das menschliche Leben unter die Frage, wie man es angesichts dieser eigensten Möglichkeit des ausstehenden, aber gewissen Todes bestehen soll und kann. Diese Frage dringt in alle Lebensbereiche und Daseinsentwürfe ein, auch und gerade dann, wo sie aus dem Bewußtsein verdrängt wird. Sein-können ist zugleich Sein-zum-Tode. Die Bewegung des Sich-vorweg-seins bei den Möglichkeiten bricht sich an der Endlichkeit. Von da aus wird erst voll einsehbar, warum Heidegger sagen kann, das eigentliche Sein-können des Daseins liege in jener individuellen Erfahrung, die wir als Gewissen-haben umschreiben.

1.3.2 N. Luhmann: Welt — Komplexität und Kontingenz

M. Heidegger hat das Verhältnis des Menschen zur Welt nicht als faktisches Vorkommen in ihr äußerlich gefaßt, sondern als eine innere Wesensmöglichkeit interpretiert. Die Welt als das Woraufhin des Überstiegs (des Transzendierens) ist weder etwas Subjektives, noch etwas Objektives, sie ist als Mitwelt intersubjektiv konstituiert und mit dem Dasein gleichursprünglich. Auch E. Husserl hatte ja schon herausgearbeitet, daß Welt und Sinn als intersubjektive Leistungen begriffen werden müssen.

Vor diesem Hintergrund, aber doch mit einem neuen, von der funktionalistischen Soziologie beeinflußten Problemansatz geht N. Luhmann das Verhältnis von Möglichkeitsverständnis und Weltbegriff an. Daß damit zugleich ein bestimmtes Licht auf den ganzen Komplex der Weltoffenheit fällt, liegt auf der Hand, wenn dieser Begriff bei ihm auch nicht an zentraler Stelle vorkommt. Die unterirdische Verbindung zu anthropologischen Problemstellungen wird am ehesten erkennbar, wenn man sich klarmacht, daß Luhmann mit systemtheoretischen Mitteln und damit auf einem abstrakteren Niveau bearbeitet, was A. Gehlen mit seinem Modell der Entlastungstendenzen und Entlastungsleistungen im Blick auf Weltoffenheit darzulegen versucht hatte.

Luhmann geht nicht von Subjektleistungen, sondern vom sozialen System aus. Dieses System ist als mit der Welt gleichursprünglich zu betrachten. Die Welt ist intersubjektiv konstituiert, aber sie ist von unermeßlicher Komplexität. Soziale Systeme sind jeweils nur ein Aspekt der Welt. Die Welt als letzter Horizont aller Verweisungen zeigt stets auch andere Möglichkeiten an; in diesem Sinne ist jedes soziale System kontingent (es könnte grundsätzlich auch anders sein). Die Welt ist in ihrer Komplexität der Horizont aller Potentialitäten. Es ist klar, daß sie jedes einzelne System in gewisser Weise überfordert und zu Selektionen nötigt. Dies ist vor allem die neuzeitliche Situation, in welcher die Orientierung der Menschen sich im Unterschied zu den gegenwartsbezogenen archaischen Kulturen auf die Zukunft oder, wie Luhmann sagt, in einen reflexiven und zukunftsoffenen Welthorizont verlagert hat.

Komplexität und Kontingenz bilden eine Doppelstruktur. Aus ihrer Beschaffenheit entspringt die Notwendigkeit, auszuwählen und zu ordnen (Möglichkeiten zu kontrollieren, zu generalisieren, erneut zu spezifizieren usw.) und dabei zu lernen. Luhmann benutzt das Bild vom Komplexitätsgefälle: die Welt enthält stets mehr Möglichkeiten, als das System verwirklichen kann, genauso wie ein differenziertes Gesellschaftssystem mehr Möglichkeiten erzeugt, als ein soziales Teilsystem verwirklichen kann. Ein Bereich unbestimmter oder unbestimmbarer Komplexität bleibt immer, wo von der Welt als dem letzten Horizont gesprochen werden muß.

Um nun seinen Begriff zu verwenden: Systeme gewährleisten einen Bestand nur, indem sie Komplexität reduzieren (also Ordnungen herstellen, überschaubare Bereiche zur Problembewältigung aus der unübersehbaren Fülle ausgrenzen und eine Innensphäre gegen den Andrang von außen absichern). Da der Mensch nur über eine begrenzte Kapazität an Mitteln, Zeit, Aufmerksamkeit usw. verfügt, d. h. unter Knappheitsgesichtspunkten handeln muß, muß er ganz eigene Reduktionstechniken entwickeln, um vermittels der Reduktionsformen (Ordnungen und Verfahren), nicht etwa gegen sie, Freiheiten zu gewinnen.

1.3.3 Negationsfähigkeit, Informationsverarbeitung und der Primat von Sinn

Im Zusammenhang mit dieser Reduktionsproblematik stößt Luhmann, und das ist aus anthropologischer Sicht höchst bemerkenswert, auf die Negationsfähigkeit als eigentümlich menschliches Können. M. Scheler hatte sich schon mit ihr beschäftigt, und andere Humanwissenschaftler hatten ihr ebenfalls bereits große Bedeutung zugemessen (man denke nur an die Theorie der Phantasie von H. Kunz). Luhmann ist weniger an der Genese dieser Fähigkeit interessiert; er wehrt aber immerhin die Vorstellung der Abhängigkeit von der Sprache ab und vertritt die Auffassung, daß es sich um eine relativ selbständige Fähigkeit handle, die hinsichtlich sinnkonstituierenden Erlebens einen funktionellen Primat habe. Sprachlich formulierte Negationen sind davon sozusagen nur der spezielle Fall. Um welche besondere Leistung geht es also?

Das bewußte Negieren führt über das triebhafte Abwehren des Unangenehmen, das Sich-wegwenden von etwas, was als Eindruck nicht recht verarbeitet werden kann o. ä. prinzipiell hinaus. Reflektierte Negation vermag nämlich Möglichkeiten als solche auszugrenzen und vorläufig dahingestellt sein lassen; dadurch werden sie vor der Ausmerzung gerade bewußt bewahrt. Die Negation ist also ein Mittel reflexiver Neutralisierung, durch sie werden Möglichkeiten mitpräsentiert, also gedanklich oder vorstellungsmäßig zur Verfügung gehalten, auch wenn sie momentan nicht zu aktualisieren sind. Jene Virtualisierung, die einen Fächer von Handlungs- und Entscheidungsräumen freigibt, ist ohne den Einsatz der Negationsfähigkeit gar nicht denkbar. Die Umsetzung unbestimmter Komplexität in durchdachte Möglichkeiten des Erlebens und Handelns bildet den entscheidenden Schritt in Richtung auf eine nicht nur bedrohliche, sondern auch befreiende Offenheit der Welt.

Ist die Notwendigkeit des Lernens aus der Komplexitäts- und Kontingenzproblematik her zu begreifen, so gilt es, den Gewinn, die Erhaltung und die Erweiterung von Möglichkeiten über Formen der Komplexitätsreduzierung für das menschliche Lernen fruchtbar zu machen. Damit kommt ein Konzept des Lernens in den Blick, das nichts mehr mit der verhaltenspsychologischen Manipulation sog. Primärtriebe zu tun hat und nicht auf einfache Gewohnheitsbildung, sondern auf Strukturierung, auf Prozeduren zur Entdeckung alternativer Möglichkeiten, auf die gedankliche Konstruktion von Möglichkeitsfeldern und Verfahren der Problemzerlegung zur etappenweisen und arbeitsteiligen Bewältigung aus ist. (Hier ist leider nicht der Raum, um auf den wichtigen Unterschied, den Luhmann zwischen dem kognitiven und dem normativen Lernen macht, näher einzugehen.)

Wichtig erscheint noch ein anderer Punkt. Die Lerntheorie hat die Dürftigkeit behavioristischer Ansätze inzwischen erkannt und die Defizite hinsichtlich der Erklärung komplexer menschlicher Lernvorgänge durch den Einbezug kybernetischer Modelle wettzumachen versucht. Das Lernen rückt ein in die Theorie der Informationsverarbeitung. Damit sind beachtliche Problemanreicherungen und neue Untersuchungsmöglichkeiten gewonnen, hinter die niemand zurückgehen kann. Man muß sich aber auch da rechtzeitig Grenzen und Möglichkeiten des Vorgehens vor Augen führen (auf Probleme wurde im Exkurs über die Verwendung von »kognitiv« bereits hingewiesen). Hier könnte eine begriffliche Trennung hilfreich werden, die Luhmann, allerdings ohne Bezug auf Lerntheorien, aus systematischen Gründen vornimmt: die Unterscheidung von Information und Sinn. Luhmann sieht den Unterschied folgendermaßen:

Informationen sind Nachrichten, sie sind inhaltliche Mitteilungen. Etwas weniger naiv gesagt: sie können diesen Charakter haben relativ auf das Zeichenrepertoire und den augenblicklichen »Kenntnisstand« sowie die Verarbeitungsfähigkeit des Systems. Zum Informationsvorgang gehört ein Überraschungsmoment, er ist beim Menschen mit einem Neuigkeitserlebnis verbunden; technisch ausgedrückt: der Informationscharakter hängt mit der Auftretenswahrscheinlichkeit von Signalen zusammen. (Luhmann läßt die ganze Diskussion um den Status des Informationsbegriffs ebenso beiseite wie das Problem, daß Inhaltliches nun seinerseits schon abgefiltert wird, wenn das, was man umgangssprachlich als Nachricht bezeichnet, kodiert wird, in die Programmierung geht ja nur ein, was sich operativ als Relation oder Funktion fassen läßt.) Halten wir nur das Überraschungsmoment fest, denn darum geht es Luhmann bei der Abhebung des Sinnbegriffs.

Eine Nachricht verliert durch Wiederholung ihren Informationswert (d. h. sie wird vertraut und mit dem Bekanntsein schließlich banal), dasselbe gilt aber nicht für ihren Sinn. Sinnbeziehungen verbrauchen sich nicht im Gebrauch. Sinn ist etwas, das in der Kommunikation mit anderen gemeinsam aktualisiert wird. Diese Aktualisierung kann und muß u. U. immer wieder neu geschehen. Luhmann nennt den Sinn eine Strategie selektiven Verhaltens unter Bedingungen hoher Komplexität. Als eine solche gemeinsam gehandhabte Strategie erlaubt Sinn z. B. die Regulierung wechselseitiger Überraschungen in der Kommunikation. Sinn ist eng verknüpft mit dem Verständnis von Möglichkeiten — er ist nichts anderes als die Identität eines Zusammenhanges von Möglichkeiten, die zugleich auf andere, neutralisierte, aber mitzudenkende Möglichkeiten hinweist und sie anzeigt sowie Zugänge zu ihnen kontrolliert. Sinn kann sogar noch die Selektivität von Sinn regulieren. Sinn ist also offensichtlich einzelnen Prozessen der Informationsverarbeitung, des Denkens, Erlebens und Handelns übergeordnet. Wenn vom Verhalten einzelner Menschen und von sozialen Institutionen gesprochen wird, ist Sinn vorauszusetzen; beide sind von vornherein als sinnverwendende Systeme definiert. Selbst die Rede von Entfremdungen, Kommunikationsstörungen oder von einem

Sinnverlust setzt Sinnbeziehungen in Handlungszusammenhängen voraus. In all diesen Beziehungen ist der Sinnbegriff primär, und er ist aus diesem Grunde für Luhmann ein sozialwissenschaftlicher Schlüsselbegriff.

Die Unterscheidung von Information und Sinn scheint deshalb so wichtig, weil sie ein weiteres Mal ein Licht auf die einzelwissenschaftlich nicht-reduzierbare Problematik menschlicher Weltoffenheit wirft. Weltoffenheit schließt offenbar die Fähigkeit des Menschen ein, nicht nur aufgrund offener genetischer Programme besonders vielfältige Informationen zu verarbeiten (in diesem Sinne kognitiv zu lernen), sondern langfristig auch, ein Motivationssystem aufzubauen und dabei Formen der Sinnsuche und der Sinnverwendung zu internalisieren. Handlungsfähigkeit, in reflexiver Beziehung auf kommunikativ vermittelten und gemeinsam immer wieder aktualisierten Sinn, wäre so gesehen die Fähigkeit, kurzfristige Lernvorgänge von einer langfristigen Orientierung an Möglichkeitsfeldern, Entscheidungsalternativen, Fragerichtungen usw. her zu ordnen. (Die sich einbürgernden Unterscheidungen zwischen kognitivem und sozialem Lernen, zwischen kognitivem Lernsystem und Motivationssystem, welch letzteres die Dimension der Internalisierung und der Identitätsgewinnung im Zusammenhang mit dem Aufbau des Gewissens enthält, wären aus dieser Sicht nach der Richtung zunehmender Differenzierung wie des notwendigen, aber in seiner Kompliziertheit auch störungsanfälligen funktionalen Zusammenhangs zu reflektieren!) Reinen Informationsverarbeitungssystemen fehlt die Möglichkeit der Selbstbeobachtung und der Selbstreflexion. Wir wissen, daß der Mensch dazu imstande ist, wenn wir auch noch wenig über das Zusammenspiel eines Lernsystems mit einem selbstreflexiven Motivationssystem wissen. Der Mensch ist dazu fähig — bis hin zur aktiven Selbst-Negation.

1.3.4 *Exkurs über die Selbsttötung*

Ein kurzer Exkurs über die Selbsttötung mag das zuletzt angeschnittene Problem verdeutlichen und verschärfen. Der neutrale Begriff der Selbsttötung entbindet uns davon, mit dem Begriff des Selbstmordes in die Explikation der christlichen Schöpfungslehre einzutreten, für die unser bisheriger Gedankengang nicht die angemessene Fragestellung bereithält.

Nur ein Lebewesen, das prinzipiell über alternative Möglichkeiten verfügen kann, kann auch in die Situation kommen, den totalen Verlust von Lebensmöglichkeiten zu erfahren, und diese ist in der Regel wohl für den Entschluß zur Selbsttötung vorauszusetzen. Bei Tieren sind Zustände beobachtet worden, in denen sich beim Zusammenbrechen der Widerstandskräfte im Kampf um das Überleben das Bild des Resignierens, dem dann der Tod rasch folgt, aufdrängt; diese »Selbstaufgabe« ist aber wohl selbst in den von R. Bilz dargestellten Fällen des Vagus-Todes keine Selbsttötung. Man wird also daran festhalten müssen, daß die Selbsttötung für instinkt- und umweltgebundene Lebewesen keine reale Möglichkeit darstellt. Daß dies kein technisches Problem ist (so als hätten die Tiere vom Körperbauplan her keinen entsprechenden Zugriff, als fehlten die physischen Mittel, sich zu »entleiben«), liegt auf der Hand. Zieht man andere Vergleichsmöglichkeiten heran, so kommt man zum selben negativen Befund. Auch eine Maschine mit »künstlicher Intelligenz« kann sich nicht entschließen, sich selbst zu vernichten, es mangelt ihr an der Möglichkeit, zu sich selbst im ganzen ein reflektives Verhältnis herzustellen und zu sich selbst mit derartigen Konsequenzen Stellung zu nehmen. Und um es noch weiterzutreiben, sei daran erinnert, daß K. Löwith darauf hingewiesen hat, daß sich auch ein als notwendig existierend gedachter Gott nicht selbst töten könne.

Die Freiheit zum Tode ist eine ausschließlich menschliche Eigenheit. Als reine Möglichkeit wohnt sie jedem nicht mehr naiven menschlichen Bewußtsein inne. Diese grundsätzliche Einsicht sollte uns davor bewahren, Selbsttötungen nur im Rahmen der Pathologie abzuhandeln, so sehr Beschreibungsmetaphern (man denke an Aussichts- oder Ausweglosigkeit, das Gefühl, am Ende zu sein, die Verstrickung, die Isolierung, das Einschrumpfen der Spielräume, Phänomene der Rat- und Haltlosigkeit usw.) auch auf in der Psychopathologie bekannte Syndrome hinweisen mögen. Der Entschluß, erfahrene Sinn- und Ausweglosigkeit durch Selbsttötung zu beenden, kann in vielen Fällen, muß aber nicht in jedem Fall von vornherein als krankhaft gedeutet werden. Er ist eine, wenn auch die radikalste Konsequenz der Weltoffenheit, die als menschliche Möglichkeit in ihrer letzten Unaufklärbarkeit ebenso hinzunehmen ist wie die unverfügbare Existenz des einzelnen auch. Welcher Blick sich damit auf das Verhältnis von Weltoffenheit und — einer nicht mehr intellektualistisch eingeengten – Negationsfähigkeit auftut, wäre gründlicher zu untersuchen.

Die Selbsttötung ist keine reale Möglichkeit kindlichen Lebens. Daran ändern auch einige merkwürdige Grenzfälle nichts, die in der einschlägigen Literatur gelegentlich genannt werden. Die Problemlage ändert sich erst einschneidend mit den Identitätskrisen des Jugendalters. Man könnte diesen Tatbestand unter Verweis auf D. Claessens Frage angehen, was alles vor sich gehen muß, bis ein Kind in die Situation existentieller Gebrochenheit, die der Weltoffenheit entspricht, gebracht ist.

2. Das Möglichkeitsproblem unter dem Aspekt einer anthropologischen Lerntheorie

Für jeden Menschen ist das Lernen der Weg in seine Zukunft und in seine Möglichkeiten hinein. Es wäre deshalb zu wünschen, daß Modalprobleme und zeitliche Strukturen in der Lerntheorie endlich gezielt untersucht und berücksichtigt würden. An der zentralen Bedeutung eines differenzierten Möglichkeitsbegriffs wird in diesem Zusammenhang niemand zweifeln. N. Luhmanns Zugang zu diesem Problemkreis, der sich mit der Formel der Komplexitätsreduktion zusammenfassen und kennzeichnen läßt, hat unmittelbare didaktische Bedeutung, insofern sich mit seiner Hilfe die Funktion von Ordnungen, Strukturierungshilfen, Vereinfachungen, Problemzerlegungsverfahren usw. recht gut begreifen läßt. Luhmann hat, aufs Ganze gesehen, die Gefährdung sozialer Systeme oder weltoffener Lebewesen durch überfordernde Komplexität vor Augen, in unserer Sicht also wohl den Typus des allseitig geöffneten, mit widersprüchlichen Erwartungen konfrontierten Erwachsenenlebens. Sicherung vor verwirrender Komplexität und Erhaltung, aber nicht unkontrollierte Vermehrung von Possibilität ist die defensive Devise, vergleichbar der vorrangigen Behandlung der Schließung gegenüber der Öffnung bei J. Piaget. Die Möglichkeiten, um die es hier geht, sind durch kognitive Praktiken gewonnene Möglichkeiten.

Die Wichtigkeit dieses Aspekts ist nicht zu bestreiten. Es fragt sich nur, ob aus pädagogischer Sicht die Hervorbringung von Komplexität i. S. sich steigernder und aufstufender Möglichkeiten nicht die gleiche Aufmerksamkeit verlangte. Man geht wohl nicht fehl, wenn man annimmt, daß die Neigung, sich mit schwierigeren Aufgaben einzulassen, sich mit neuen Eindrücken anzufreunden, die Lust an der Entdeckung erweiterungsfähiger Handlungsbereiche, das Interesse an Inhalten, an denen sich generative Vermögen erproben können, ganz allgemein die Offenheit für neue Qualitäten und Unterschiede für den Gesamtlernprozeß ebenso wichtig sind wie die Reduktionstechniken und -produkte. Ist darum nicht auch die Frage aufzuwerfen, wie ein Kind überhaupt ursprünglich zu Komplexität i. S. differenzierungsfähiger Möglichkeiten kommt bzw. wie es für nicht-formalisierte und nicht-verplante Möglichkeiten sensibilisiert werden kann? Hängt das Aufkommen spontanen, kreativen, innovationsfreudigen Lernens und intuitiven Denkens nicht auch von dieser der Komplexitätsreduktion komplementären Bewegung ab?

2.1 R. Spitz: Komplexitätserweiterung im entstehenden Dialog

Jedes Kind ist ein Neubeginn, ist die Stelle einer ursprünglichen Hervorbringung, und es ist doch zugleich im höchsten Maße hilfsbedürftig. Wie soll das vor sich gehen, daß sich für den Säugling ein Prospekt erweiterungsfähiger Lebensmöglichkeiten auftut? Ein eindrucksvolles Paradigma hierfür entnehmen wir einer der letzten Studien von R. Spitz über die Genese der ersten dialogischen Beziehung zwischen Mutter und Kind. Es ist gerade auch in dem belangvoll, worin es über die Psychologie des Säuglingsverhaltens hinausweist; könnte es doch sein, daß sich an ihm ablesen läßt, unter welchen Bedingungen der Mensch das Freiwerden produktiver Möglichkeiten erfährt, oder anders gesagt: in welcher Weise das Erfassen erster kategorialer Möglichkeiten in einen Prozeß der Komplexitätssteigerung hineinverwoben ist, demgegenüber die Reduktionsleistungen eine wichtige, aber sekundäre Funktion erhalten.

Daß der Unterschied zwischen Lebendigem und Unbelebtem zugleich ein Komplexitätsgefälle darstellt, bedarf keines Beweises. Wann und wie lernt ihn ein kleines Kind kennen? Forschungen haben gezeigt, daß das visuelle Erfassen dieses Unterschiedes einem neugeborenen Säugling noch nicht möglich ist. R. Spitz hielt nun zwei Fragen für klärungsbedürftig: Wie wird die Fähigkeit zu dieser recht speziellen Unterscheidung eigentlich erworben? Und warum wird vom Kinde, wenn der Unterschied einmal erfaßt ist, Belebtes dem Unbelebten vorgezogen?

Nach allem, was wir heute wissen, ist das Ansprechen auf ein Gesichtsschema eine ererbte Reaktion. Man kann, wie R. Spitz zeigen konnte, die Bedingungen zur Auslösung dieser Reaktion, mit der sich eine erste Unterscheidung von Ich und Nicht-Ich meldet, künstlich herstellen. Man benötigt dazu lediglich eine Maske, die eine bestimmte Merkmalausprägung aufweist; vollzieht man mit ihr bestimmte Bewegungen, so kommt die Säuglingsreaktion ohne weiteres zustande. Wird der Säugling älter, so verändert sich allerdings auch das Ansprechen auf diese Gestaltkonfiguration. Mit sechs Monaten etwa beginnt die unbelebte Maske Angst zu erzeugen. Man kennt das Phänomen der 8-Monate-Angst und das Fremdeln der Kinder dieses Alters. Hier bahnt sich eine neuartige Unterscheidung zwischen Vertrautem und Fremdem an. In dieser Unterscheidung taucht nun zugleich das Erfassen von Lebendigkeit, man kann sagen: einer Vorform des Begriffs »Leben« auf.

R. Spitz macht darauf aufmerksam, daß eine affektive Abwehr fremdartigen Verhaltens von Exemplaren der eigenen Art auch bei Tieren zu finden ist. Die Verhaltensforschung berichtet von entsprechenden Maßnahmen gegenüber verstümmelten oder toten Tieren. Woran merkt aber das kleine Kind, daß trotz ähnlicher Konfigurationen eine Gestalt belebt, die andere dagegen nicht lebendig ist? Das unbelebte Exemplar (z. B. eine Puppe) ist nicht imstande, mit ihm in einen Dialog einzutreten. Einen solchen Dialog kann man formal als einen Kreisprozeß innerhalb der Mutter-Kind-Dyade beschreiben. Dieser Dialog wird in der Art eines vorverbalen Austausches geführt, er besteht aber nicht nur aus Wiederholung und Nachhilfe, sondern er bewirkt die Entstehung immer wieder neuer Konstellationen von zunehmender Komplexität. D. h.: die Form des Austausches wird komplizierter, und in diesem Zusammenhang reichern sich auch die inhaltlichen Möglichkeiten an, es beginnt ein im Grunde nie mehr ganz abbrechender Prozeß wechselseitigen Anregens zur Weiterbestimmung von Bedeutungen. Hauptkriterium der Unterscheidung des Lebendigen vom Unbelebten ist demnach, ob ein Objekt eine derartige Rückkopplung zuläßt, oder besser: ob sich eine dialogische Beziehung von zunehmender Komplexität aufbauen läßt oder nicht. Unbelebte Objekte geben in diesem Sinne nichts her; falls sie dennoch Attribute des Lebendigen (wie Masken oder Puppen) aufweisen, lösen sie Angst aus oder erscheinen geeignet, an ihnen Aggressionen auszulassen. Ganz anders ist das Zusammenspiel mit einem lebendigen Kommunikationspartner: er bietet im Grunde Gelegenheit für einen unerschöpflichen Dialog. Da kann das kleine Kind emotionale Befriedigung in einem progressiven Kontinuum immer neuer Anregungen und Antworten auf einem immer höheren Niveau mit immer neuen Möglichkeiten finden.

Auf welche Weise fördert die Mutter den Zuwachs individueller Möglichkeiten und individuellen Könnens? Sie erlaubt naturgemäß keine unbegrenzte Aggressionsabfuhr. Durch ihre Art des Eingehens auf das Kind vermindert sie die Angst, zähmt sie sozusagen das Antriebspotential und führt auf diese Weise Energie in ichgerechte Problemlösungen über. Es sind also auch Einschränkungen, die die Mutter vornimmt, die dem Kind helfen, eigene Antriebe zu beherrschen und gegen Ende des ersten Lebensjahres eine erste Identität zu gewinnen. Wie der Mittelweg zwischen Entbindung und Einschränkung genau aussehen soll, läßt sich aber nicht rezeptartig festlegen. Es ist deutlich, daß Spitz nicht einer extrem gewährenlassenden Erziehung, sondern einer auch im emotionalen Bereich behutsamen, auf wechselseitige Einwirkungen aufbauenden Erziehung im frühen Kindesalter das Wort redet. Die einfache Wartung und Pflege, das Stillen, Füttern, Waschen usw. mit den vielen Gelegenheiten zu körperlichen Berührungen und emotionalem Austausch ist also schon der vorverbale Dialog, der allmählich Gefühlen Richtung gibt, Erwartungshaltungen für konkrete Situationen aufbaut, kindlichen Ausdruck evoziert und Sinnbeziehungen festigt. Leben, das erfährt das Kind, ist dort, wo im Dialog reziprokes Verhalten möglich wird, das einen ganzen Prospekt von Erlebens- und Handlungsmöglichkeiten eröffnet. R. Spitz hat selbst in seinen Hospitalismus-Studien gezeigt, welche tiefgreifende, die Lebenssubstanz angreifende Störungen für die kleinen Kinder aus dem Fehlen geregelter personaler Zuwendung resultieren.

Sehen wir recht, so reicht die Einsicht, die sich an diesem Paradigma gewinnen läßt, in anthropologischer Hinsicht noch weiter. Die Erweiterung produktiver Möglichkeiten ist überhaupt nicht primär Ergebnis monologischen (und wie auch immer analytischen, linearen, zweckrationalen) Denkens, sondern kommunikativen Umgangs. Die Erweiterung des Möglichkeitsprospekts hängt von dialogischen Lernvorgängen, kurz: vom Gelingen des Gesprächs ab. Die Beschäftigung mit der Diskurstheorie (man denke an K.-O. Apel und J. Habermas) bestätigt denselben Sachverhalt auf einer höheren Reflexionsebene. Es gibt keine Befreiung zu den menschlichen Möglichkeiten außerhalb dieser hermeneutischen Grundstruktur. Hier ist nicht der Raum, die Konvergenz dieser Einsicht mit den Ergebnissen anderer Untersuchungen zur frühkindlichen Erziehung darzustellen (man denke an A. Portmann, A. Nitschke, O. F. Bollnow und nochmals D. Claessens, aber auch J. H. Pestalozzi). Merkwürdig bleibt nur, daß R. Spitz, der doch J. Piagets Ansatz durchaus kennt, auf dessen Egozentrismusthese nicht kritisch eingeht, obwohl seine Analyse zu einer längst fälligen Modifikation beitragen könnte.

2.2 Andere Aspekte der Möglichkeitserweiterung und Welterschließung

Mit wenigen Linien kann nur noch angedeutet werden, welcher Weg von hier aus in die Anthropologie des Lernens hinein führt. Die Blickrichtung hat sich im Laufe der Darlegungen umgewendet. Wurde zu Beginn das Problem der Weltoffenheit gleichsam aus der Perspektive des Erwachsenenlebens entwickelt und in diesem Zusammenhang ein Netz konstitutiver Bedingungen ausgemacht, so zeigte sich später die Notwendigkeit stärker, den bei jedem Kinde neu zu leistenden Aufbauprozeß, die Entwicklungsarbeit des Öffnens und Schließens in der Auseinandersetzung mit der sozialen und physischen Umwelt und Welt ins

Auge zu fassen. Dabei wurde erkennbar, daß die Leitfrage, wie der Mensch zu jenem Spielraum von Möglichkeiten gelangt, der die Weltoffenheit ausmacht, nicht nur mit dem Hinweis auf Verfahren der Komplexitätsreduktion beantwortet werden darf, sondern die Frage nach elementaren Vorgängen der Komplexitätsgewinnung und -anreicherung einschließen muß. Wir tun uns heute manchmal schwer, das Evozieren und Sensibilisieren, das Stimulieren und Korrigieren des Erziehers als Hilfe beim Entdecken und Weiterbestimmen von Bedeutungen angemessen zu begreifen. Dabei wurde die Erziehung von ihren besten Vertretern doch schon immer als Hilfe beim subjektiven Hervor-bringen, ganz im Gegensatz zum technischen Bewerkstelligen, verstanden; als Weckung der Lernfreude, der Wachsamkeit und Findigkeit, der Lust, neue Erfahrungen zu machen, also als mäeutische Bemühung um das, was das Subjekt selbst einbringen muß, wenn Lehre produktiv und bildend sein soll. Auf die Freisetzung dieser subjektiven, den Kulturprozeß verjüngenden Potenzen zielt wohl alle Rede von Kreativität, generativem Vermögen und Innovationsfähigkeit — auf jenen Anteil, ohne den auch im Erwachsenenleben die Reduktionstechniken allein einen produktiven Lernprozeß nicht herbeiführen können.

Maßgebend bleibt der kommunikative Charakter aller, nicht nur der anfänglichen Lernprozesse. Das kognitive Lernen tritt aus dem sozialen Lernen, das im vorverbalen Dialog schon beginnt, hervor und wirkt auf dieses zurück, es bringt also nicht auf einer bestimmten Stufe der Entwicklung soziales Lernen zustande. Von den sozialen Lernprozessen, die es schon bei Tieren gibt, ist die menschliche Erziehungssituation dadurch unterschieden, daß sie von vornherein und grundsätzlich einen soziokulturell vermittelten Charakter hat. In ihr vollziehen sich nicht rein biologisch erklärbare Anpassungs- und Reproduktionsprozesse. Es kommt zu einer kulturellen Brechung der biopsychischen Äußerungen und Bedürfnisstrukturen (Brechung i. S. der Richtungsänderung und des Aufbrechens des Möglichkeitsspektrums). Schon die sinnkonstituierende Erziehung in der Familie ist ihrerseits in die gesellschaftlich-historische Konstitution von Sinn einbezogen, erfährt ihren Wandel mit und hat in ihr nicht nur eine Stütze, sondern ist auch in gesamtgesellschaftliche Verschuldungszusammenhänge verstrickt. Wie vermag das Kind dennoch in diesem vorgegebenen Rahmen seine Möglichkeiten zu entdecken und sein individuelles Können auszubilden?

Die Antwort kann in verschiedene Richtungen führen. Es seien nur drei Entdeckungen genannt, ohne die wir uns die Anthropogenese nicht mehr vorstellen können und durch die die Lust an der eigentätigen Erschließung der Welt allererst entsteht: die Entdeckung, daß man mit Fragen weiter und hinter etwas kommt, die Entdeckung, daß und wie Werkzeuge in der Wirklichkeit greifen, und die Entdeckung, daß die Beherrschung der Schrift den Zugang zu neuen Welten öffnet.

2.2.1 Fragen-können

Gibt es überhaupt ein anderes Vermögen, das man so entschieden als spezifisch menschlich ansprechen kann wie das Fragenkönnen? Das Fragen ist die Wurzel alles systematischen Forschens (auch die etymologische Verwandtschaft der beiden Verben ist ein kleines Indiz dafür). K. Lorenz hat den Abstand, der zwischen tierischem Neugierverhalten und gezieltem Fragen liegt, zu wenig beachtet. Insofern das Fragen als sprachliche Aktion gesehen werden muß, kann man es von tierischen Explorationsbemühungen unterscheiden, die sich doch mehr oder weniger in Such-, Abtast- und Probierbewegungen erschöpfen. Die Fähigkeit, fragen zu können, wird — wie das Sprechenkönnen im ganzen — durch menschliche Ansprache geweckt; daß es außerhalb einer Kommunikationssituation entstehen könnte, ist schwerlich vorstellbar. Andererseits ist diese Fähigkeit aber nicht die Folge des Wörter- oder Regellernens. E. L. Kaplan weist darauf hin, daß die Intonation, die für das Aussprechen von Fragen typisch ist, bereits im suprasegmentalen Bereich auftaucht, was nichts anderes heißt, als daß die Kinder die Interrogativfunktion schon vor der Artikulation von Wörtern erfassen. Das geschulte Ohr erkennt eine solche vorverbale »Frage« sofort. Das Fragen-können bahnt sich offensichtlich bereits mit den frühesten Schritten des Spracherwerbs an und differenziert sich fortlaufend mit ihm aus, wenn geeignete emotionale Voraussetzungen und Anreize in der dialogischen Situation geschaffen werden. Trifft die Behauptung zu, daß Fragen sich dort einstellen, wo der junge Mensch die Beschaffenheit der Umwelt nicht einfach hinnimmt, so wird man sagen können, daß andere Möglichkeiten gerade durch das nachdrückliche Fragen erschlossen werden. Sein-können im Heideggerschen Sinne ist nur eine andere Formulierung dafür, daß der Mensch ein fragendes Wesen ist, für das weder die Umwelt noch das eigene Dasein ein für allemal und im ganzen fest vorgegeben ist.

Es würde hier zu weit führen, wollte man zeigen, wie sich die Interrogativfunktion für verschiedene Intentionen in Dienst nehmen läßt, worin z. B. die Teilfunktionen enger informativer und präziser Fragen einerseits und offener heuristischer und problematisierender Fragen andererseits bestehen. Wir können auch nicht mehr der Wechselbeziehung von Interrogativ- und Negationsfunktion nachgehen, die gewiß von hohem anthropologischem Interesse ist. Spezifisch menschliche Antizipationen, Sehnsüchte und Intuitionen sind ohne die beiden wohl unerklärbar. So erweist sich der gesamte Komplex der Weltoffenheit schließlich auch als Korrelat des erschließenden, aber auch verunsichernden Fragen-könnens.

2.2.2 *Instrumentalisierung*

In einer hochtechnisierten Welt ist es für die Kinder paradoxerweise besonders schwierig, den Stellenwert des Werkzeuggebrauchs in der Menschheitsentwicklung zu begreifen. Die Instrumente zur Verfeinerung und Verstärkung, zur Verbindung und Steuerung unserer Tätigkeiten sind in den Besorgungen des Alltags überall gegenwärtig. In welcher grundstürzenden Weise Werkzeugerfindungen den Menschen verändert haben, muß heute kultursoziologischer und technologiegeschichtlicher Unterricht durch verfremdende Rückblenden sichtbar machen; es gibt im städtischen Leben zu wenig Gelegenheiten, an elementaren Sachverhalten zu erfahren was es heißt, daß Werkzeuge »greifen«. Selbstverständlichkeiten erzeugen keine spontanen Fragen mehr.

Hier könnten Einsichten auf dem Umweg über die Primatenforschung gewonnen werden. Der Gebrauch einfacher Werkzeuge ist bekanntlich schon bei Schimpansen in freier Wildbahn nachzuweisen. Unter Domestikationsbedingungen werden Techniken des Essens und Trinkens, der Körperpflege, des Sich-kleidens, des Steuerns von Fahrzeugen usw., d. h. biologisch nicht vorgezeichneter, sondern historisch determinierter funktioneller Handlungssysteme auch von jungen Schimpansen erlernt. Zu prüfen bleibt aber, wie intensiv da die Werkzeuge in das Körperschema einbezogen, also nicht nur äußerlich durch die Dressur aufgedrungen werden, und in welchem Maße das Tier auf diese Weise in den Genuß eigener Lebensmöglichkeiten kommt. Der Mensch kann seinen Leib und seine Sinne mit komplizierten Instrumenten armieren, um völlig neue Erfahrungen und Erkenntnisse zur Erweiterung solcher Lebensmöglichkeiten aufzusuchen, ja er kann zu diesem Zweck Werkzeuge zur Werkzeugherstellung, also Maschinen sowie programmgesteuerte Automaten zur Herstellung von Maschinen produzieren; K. Marx hat diese Potenzierungsmöglichkeit schon beschäftigt. Dieser instrumentelle Aufwand dient nicht nur der Lebensfristung, er ist auch ein Stück menschlicher Selbstdarstellung — die Selbstdarstellung des Wesens expandierender Möglichkeiten, das auch tief in die Physis einzugreifen und sich zu denaturieren und selbst zu konsumieren vermag. Die Fraglichkeit des Menschen wird in einem anderen Sinne sichtbar.

2.2.3 Schriftkultur

Mögen sich im Bereich praktischen Handelns mit Hilfe von Werkzeugen die Grenzen an einigen Stellen als elastischer erweisen, als man früher annehmen konnte, so scheint eine Schwelle für das Tier doch unüberschreitbar: Tiere sind nicht imstande, im vitalen Vollzug benutzte Gegenstände in ihrer Form darzustellen. Auch Schimpansen können z. B. nicht die Kontur eines visuell erfaßten Gegenstandes zeichnen. Diese Unfähigkeit beruht nicht auf irgendwelchen Mängeln der Greifhand, dem Schimpansen geht vielmehr die Fähigkeit zur selektiven, symbolischen Verarbeitung des Sinneseindrucks unter einem epistemischen oder ästhetischen Aspekt ab. Worin das Besondere des Zeigens und Zeichnens und schließlich reiner Zeichen besteht, das läßt sich nur im Rahmen einer Theorie des Menschen formulieren.

In noch höherem Maße gilt das für die Ebene der Schriftverwendung. Schreiben und Lesen bedeuten nicht nur eine komplizierte (analytisch-kombinatorische) Vermittlung von Sprache, sie stellen auch eine gänzlich neue Ablösung der Sprache von der Situation und vom Handlungsvollzug dar. Es ist kein Zufall, daß Weltoffenheit, ehe dieses Wort den Status eines anthropologischen Grundbegriffs erhielt, die Eigenschaft des gewandten, von einer Schriftkultur geprägten Gebildeten bezeichnete. Erst die schriftliche Form einer Überlieferung macht, wie H.-G. Gadamer noch einmal gezeigt hat, die Intersubjektivität von Bedeutung und Sinn für jede Gegenwart zugänglich und »gleichzeitig«. Lesen zu können ist die ausgezeichnete Möglichkeit eines selbständigen Zugangs zur Welt; es ist eine durch nichts ersetzbare Art der Horizonterweiterung und eine Möglichkeit, seine Welt unter Umgehung äußerer Kontrollen um eine tiefere Dimension zu bereichern. Je mehr das Lesen-können über das bloße Entziffern und das laute Lesen hinausgelangt, desto mehr erlaubt es die freie Bewegung auf das reflektierende Selbst zu und damit die Erweiterung der Komplexität der eigenen Vorstellungs- und Gedankenwelt. Kurz: die Schrift ermöglicht erst den Zugang zu einem allgemeinen Weltverständnis.

Wer in dieser Zeit von Weltoffenheit spricht, gerät unter massiven Ideologieverdacht. Zu verkennen, daß der Mensch längst total verwaltet, außengesteuert und bis ins Innerste konformistisch gemacht worden ist, gilt als fortgeschrittene Form von Entfremdung. Wo diese Meinung zu einer gereizten oder defätistischen Grundstimmung gerinnt, ist es mit der Erziehung zu Ende.

Uns ging es demgegenüber um die praktische Aufgabe, die Genese weltoffenen Verhaltens trotz aller wirklichen oder eingeredeten Entfremdung auf den Begriff zu bringen. Es zeigte sich dabei, daß den Tätigkeiten des Öffnens und Schließens bei der Ausarbeitung der Weltoffenheit gleiche Bedeutung und auf allen Ebenen die Funktion wechselseitiger Ermöglichung zukommt. Den Schließungs- und Reduktionstendenzen kann unter erzieherischem Aspekt kein Vorrang eingeräumt werden. Da geht es zunächst einmal darum, das Kind für die Wahrnehmung seiner Möglichkeiten fähig zu machen, es auch lerntheoretisch nicht primär als zu konditionierenden Organismus zu betrachten, sondern es als Subjekt seines eigenen Lernens darauf anzusprechen, daß es sich seine Lernintentionen mehr und mehr selber vorgeben muß. Weltoffenheit bildet man nur aus, indem man sich lernend in sie einübt.

Literatur

Adorno, Th. W.: Negative Dialektik. Frankfurt/M. 1970.

Apel, K.-O.: Das Apriori der Kommunikationsgemeinschaft und die Grundlagen der Ethik. In: Transformation der Philosophie, Bd. II., Frankfurt/M. 1973, S. 358—435.

Bilz, R.: Die unbewältigte Vergangenheit des Menschengeschlechts. Frankfurt/M. 1967.
Wie frei ist der Mensch? Frankfurt/M. 1973.
Studien über Angst und Schmerz. Frankfurt/M. 1974.

Bollnow, O. F.: Die pädagogische Atmosphäre. Heidelberg 1964.

Die anthropologische Betrachtungsweise in der Pädagogik. Essen 1965.

Buytendijk, F. J. J.: Mensch und Tier. Hamburg 1958.
Was heißt Entwicklung der menschlichen Existenz? In: Geist und Leib in der menschlichen Existenz. Reihe Naturwissenschaft und Theologie, hrsg. von der Görres-Gesellschaft, H. 4, Freiburg/München 1961, S. 91 ff.

Chomsky, N.: Aspekte der Syntax-Theorie. Frankfurt/M. 1969.
A Review of B. F. Skinners Verbal Behavior. In: J. A. Fodor / J. J. Katz (ed.): The Structure of Language. Englewood Cliffs, New Jersey 1964, p. 547—578.
Sprache und Geist. Frankfurt/M. 1970.
Aus Staatsraison. Frankfurt/M. 1974.
Über Erkenntnis und Freiheit. Frankfurt/M. 1973.

Claessens, D.: Familie und Wertsystem. Berlin 1962.
Instinkt, Psyche, Geltung. Köln und Opladen 1968.

Gadamer, H.-G.: Wahrheit und Methode. Tübingen 1960.

Habermas, J.: Vorbereitende Bemerkungen zu einer Theorie der kommunikativen Kompetenz. In: J. Habermas / N. Luhmann: Theorie der Gesellschaft oder Sozialtechnologie — Was leistet die Systemforschung? Frankfurt/M. 1971, S. 101—141.

Gehlen, A.: Der Mensch. Seine Natur und seine Stellung in der Welt. 7. Aufl., Frankfurt/M. u. Bonn 1962.
Anthropologische Forschung. Reinbek bei Hamburg 1961.

Heidegger, M.: Sein und Zeit. 7. Aufl. Tübingen 1953.
Vom Wesen des Grundes. 3. Aufl. Frankfurt/M. 1949.

Kaplan, E. L.: Intonation und Spracherwerb. In: H. Bühler / G. Mühle (Hrsg.): Sprachentwicklungspsychologie. Weinheim u. Basel 1974, S. 152—174.

Kunz, H.: Die anthropologische Bedeutung der Phantasie. 2 Bde, Basel 1946.

Liedtke, M.: Evolution und Erziehung. Göttingen 1972.

Litt, Th.: Mensch und Welt. 2. Aufl. Heidelberg 1961.

Lorenz, K.: Über tierisches und menschliches Verhalten. 2. Bde, München 1965.
Die Rückseite des Spiegels. München/Zürich 1975.

Löwith, K.: Die Freiheit zum Tode. In: Vorträge und Abhandlungen. Zur Kritik der christlichen Überlieferung. Stuttgart 1966, S. 274—289.

Luhmann, N.: Sinn als Grundbegriff der Soziologie. In: J. Habermas/ N. Luhmann: Theorie der Gesellschaft oder Sozialtechnologie — Was leistet die Systemforschung? A. a. O., S. 25—100.
Systemtheoretische Argumentationen. Eine Entgegnung auf Jürgen Habermas. In: J. Habermas / N. Luhmann, a. a. O., S. 291—405.
Rechtssoziologie. 2 Bde, Reinbek bei Hamburg 1972.

Marx, K.: Das Kapital. Kritik der politischen Ökonomie. Hrsg. v. H.-J. Lieber u. B. Kautsky, Darmstadt 1962, 1. Buch, 4. Abschn., 13. Kapitel.

Monod, J.: Zufall und Notwendigkeit. München 1975.

Nitschke, A.: »Das verwaiste Kind der Natur«. Tübingen 1967.

Piaget, J.: Biologie und Erkenntnis. Frankfurt/M. 1974.
Der Strukturalismus. Olten u. Freiburg 1973.

Theorien und Methoden der modernen Erziehung. Wien/München/ Zürich 1972.
Weisheit und Illusionen der Philosophie. Frankfurt/M. 1974.

Pleßner, H.: Die Stufen des Organischen und der Mensch. 2. Aufl. Berlin 1965.
Conditio humana. Pfullingen 1964.
Lachen und Weinen. 3. Aufl. Bern/München 1961.
Der kategorische Konjunktiv. In: Verstehen und Vertrauen. Bollnow-Festschrift, hrsg. v. J. Schwartländer, Stuttgart 1968, S. 136—147.
Anthropologie der Sinne. In: Neue Anthropologie, hrsg. v. H.-G. Gadamer u. P. Vogler, Bd. 7, Stuttgart 1975, S. 3—63.
Homo absconditus. In: Philosophische Anthropologie heute. München 1972, S. 37—50.

Portmann, A.: Zoologie und das neue Bild des Menschen. Hamburg 1956.
Entläßt die Natur den Menschen? Stuttgart 1970.

Sartre, J.-P.: Merleau-Ponty. In: Porträts und Perspektiven. Reinbek bei Hamburg 1968, S. 152—230.

Scheler, M.: Die Stellung des Menschen im Kosmos. 6. Aufl. Bern/ München 1962.

Spitz, R. A.: Vom Dialog. Stuttgart 1976.
Hospitalismus I u. II. In: Erziehung in früher Kindheit. Hrsg. v. G. Bittner u. E. Schmid-Cords, München 1970, S. 77—103.

Ulmer, K.: Von der Sache der Philosophie. Freiburg/München 1959.

Watzlawick, P.: Wie wirklich ist die Wirklichkeit? München u. Zürich 1976.

Weischedel, W.: Skeptische Ethik. Frankfurt/M. 1976.

Gerhard Velthaus

Didaktische Leitvorstellungen des sozialen Lernens in der Grundschule

I. Sozial-anthropologische Voraussetzungen

Die Leitvorstellungen des sozialen Lernens lassen sich in der These zusammenfassen:

Handeln und Denken sollen miteinander vereinigt werden. Ziel ist die Handlungsfähigkeit des Schülers.

Eine solche These geht wie immer, wenn man Thesen formuliert, von bestimmten pädagogischen Grundentscheidungen aus, in denen sich eine spezifische Auslegung menschlicher Entwicklung und menschlichen Daseins niederschlägt. Die Eingangsüberlegungen sollen dies ausdrücklich machen. Das soziale Lernen soll die Lebenswelt des Schülers »aufklären«. Ziel ist, Hilfen der Daseinsorientierung zu geben. Wer dies fordert, setzt voraus, daß der einzelne durch seine Lebenswelt entscheidend geprägt wurde. Sie hat seine Lern- und Verständnisfähigkeit entwickelt und ausgeformt; sie ist andererseits aber auch so komplex, daß Orientierungshilfen erforderlich sind.

Die menschliche Entwicklung als Sozialisationsprozeß

Wir können heute davon ausgehen, daß die Erkenntnis der sozialen Abhängigkeit der menschlichen Entwicklung unbestritten ist. Die Entwicklung des Kindes ist ein Interaktionsprozeß, in dem sich Individuum und Umwelt wechselseitig bestimmen. Das ist in der frühen Kindheit von größter Bedeutung, weil hier sozusagen die Gesamtentwicklung grundgelegt wird. Die Entwicklung des Kleinkindes vollzieht sich durch Einordnung in die soziale Wirklichkeit. Das Kind wird zu einem unvertretbaren Einzelnen, indem es lernt; es lernt aber, indem es sich mit seiner Mutter, seinem Vater oder dem »Wichtigen Anderen«

identifiziert (1). Es versetzt sich in seine Mutter, indem es auslegt, was seine Mutter von ihm will. Dabei bekommt es sich selbst in den Blick, wie es sein soll. Es lernt dabei nicht nur, sein Verhalten sozial zu kontrollieren, es wird sich in diesem Prozeß der Identifikation auch seiner selbst bewußt. Mit der Einordnung gewinnt das Kind einen Platz in der Welt, was zugleich eben auch heißt, daß es sich als ein Wer oder als ein Individuum erfährt. Der Prozeß der Einordnung und der Prozeß der Individualisierung sind eine Einheit. Selbstbewußtsein ist immer mit dem Bewußtsein verbunden, einen Standort zu haben, der einem von anderen zuerkannt wird.

Daher ist es falsch, in der Einordnung in die Familie oder in der primären Sozialisation nur eine einseitige Anpassung zu sehen. Hier wird die Grundlage für die Ausbildung des Selbstbewußtseins gelegt. Das Kind erfährt sich ja doch als jemand, den man ernst nimmt und der immer auch anders als die anderen ist und der mit seinen Auslegungen auch in Konflikt gerät mit den Auslegungen anderer. Die Sozialisation ist eben niemals total (2).

In diesem Prozeß entwickelt sich die Fähigkeit, auf immer differenziertere Herausforderungen und Aufgaben reagieren zu können (3). Dabei muß man sich bewußt halten, daß diese Lernfähigkeit nichts Formales ist, sondern als Produkt der Interaktion mit einer Umwelt inhaltlich geprägt ist. Die Lernfähigkeit gleichaltriger Kinder in verschiedenen Kulturen, ja selbst in verschiedenen sozialen Klassen ist daher keineswegs gleich. Was für das einzelne Kind zur Frage wird oder was ihm plausibel zu werden vermag, hängt immer von den Erfahrungen ab, die es in seiner Alltagswirklichkeit machen konnte.

Daß das Denken durch individuelle Erfahrungen profiliert ist, schließt nicht aus, daß allgemeine Strukturen der Denkentwicklung herauszuarbeiten sind. Hier genügt es schon, den Namen Piaget zu nennen. Doch heben die Untersuchungen Piagets nicht die Tatsache auf, daß die Verständnisfähigkeit des Kindes immer durch spezifische Erfahrungen ausgeformt wird und daß der Lehrer die Kinder eben auf diese Erfahrungen ansprechen muß. Dies ist das Problem der Motivation.

So wenig sich nun bestreiten läßt, daß die Denkfähigkeit des Kindes sich in den wichtigen Grundlagen in der frühen Kindheit ausbildet, so wenig läßt sich andererseits die Tatsache bestreiten, daß die soziale Abhängigkeit der Entwicklung das Kind am Denken hindert (4).

Die Behinderung des Denkens ist mit der primären Sozialisation ebenso unausweichlich gegeben wie das Gegenteil, ohne daß sich beides aufhebt, was die formallogische Konsequenz wäre. Diese Prozesse müssen dialektisch gesehen werden. Um sich dies zu vergegenwärtigen, genügt es schon, an die vielen Routinehandlungen zu denken, die unseren Alltag ausfüllen. Sie brauchen nicht eigens begründet zu werden, sie gehören selbstverständlich zur Wirklichkeit der Lebenswelt, wie das Lichtanknipsen, das Andrehen der Heizung, das Einkaufen, Kochen und Backen. Handlungen dieser Art begründen sich selbst. Das Kind nimmt auf seine Weise an ihnen teil. So übernimmt es vieles, ohne zu fragen, warum dies so und nicht anders getan wird. Es wird in die Gewohnheiten einbezogen. Hierzu rechnen auch die Normierungen, wie »Das tut man nicht!« — »Man gibt bei der Begrüßung die rechte Hand!« — »Man macht beim Kauen den Mund zu und schmatzt nicht!« — »Man hält beim Husten die Hand vor den Mund!«

Dieses »Man« legt viele Handlungen in der Alltagswelt fest. Wie das auch immer im einzelnen aussehen mag, fest steht, daß diese Normierungen und die Routine notwendig sind. Man braucht sie, um überhaupt in einer Gesellschaft existieren zu können, die andererseits die Existenz des einzelnen erst ermöglicht.

Die Auffassungen der Kinder, ihr Fragen und Erklären, ist daher immer durch die Auffassungen der Eltern festgelegt. Sie lernen die Welt mit den Augen der Eltern sehen. Das gehört auch zum Lernen durch Identifikation. Allgemein formuliert heißt dies: die übernommene Meinung ist für jeden die erste Auslegung der Wirklichkeit; die Meinung ist die Grundlage des Erkennens (5).

Es dürfte uns nicht schwerfallen, weitere Faktoren in der heutigen Lebenswelt ausfindig zu machen, die das Denken der

Kinder eher behindern als fördern. Z. B. die zunehmende Technisierung. Wir benutzen auch als Erwachsene Apparate, die wir nicht mehr durchschauen können und wollen; Hauptsache, sie funktionieren. Im Zuge dieser Technisierung wurden die Erfahrungsmöglichkeiten der Kinder immer stärker beschnitten. Oder denken wir an die sozialen Zwänge und die Ängste der Kinder, etwas ja so zu machen, wie es die Eltern wollen. Es ist gewiß nicht schwer, sich Situationen auszumalen, die das Selbstvertrauen der Kinder zerstören.

Wenn nun Kinder angesichts der komplexen Wirklichkeit fragen, wie dieses oder jenes vor sich geht, wie meinetwegen der Mann in den Fernseher kommt, dann reichen ihre Fragen nicht weit. Die Welt ist zu kompliziert geworden. Entweder sie verlieren den Leitfaden ihres Fragens, oder sie sind gar nicht imstande, die Antworten der Erwachsenen einzuordnen und zu verstehen (6). Im Extremfall können sie sich daran gewöhnen, die Dinge hinzunehmen, wie sie sind. Das Denken ist dann, wie Martin Wagenschein einmal gesagt hat, korrumpiert. Es wird auch dann korrumpiert, wenn man den Kindern wissenschaftlich angemessen scheinende Antworten zu geben versucht, wie das Heinz Rolf Lückert Ende der sechziger Jahre gefordert hat, als er meinte, die Kinder haben ein Recht darauf zu wissen, daß Wärme Bewegungsenergie ist. Die Einführung des Molekülmodells im Sachunterricht liegt auf der gleichen Ebene.

Damit zeichnet sich aber auch schon die Aufgabe des Unterrichts ab: Möglichkeiten eigenständigen Denkens in der Erfahrungswelt der Kinder zu eröffnen oder anders gewendet: Erfahrungen der Kinder durch Unterricht zu strukturieren und Zusammenhänge aus der Lebenswelt der Reflexion zugänglich zu machen.

Aufklärung der Lebenswelt als Leitziel des sozialen Lernens heißt, den Schüler zum Gebrauch seines eigenen Verstandes zu befähigen, ihn in den Prozeß der Überprüfung eigener Vormeinungen einzuführen und ihm Einsichten in soziokulturelle Zusammenhänge zu vermitteln. Nur so eröffnen sich die Möglichkeiten der Mit- und Selbstbestimmung und nur so wird die vertraute Lebenswelt *Gegenstand der Reflexion*.

Die Leitvorstellung der Handlungsfähigkeit

Die »Handlungsfähigkeit« wurde zu einem Inbegriff der Reform der späten sechziger Jahre, insbesondere für den sozialen Bereich (7). Mit ihr wird es eine wichtige Aufgabe der Schule, das Lernen auf die verantwortliche Teilnahme am gesellschaftlichen Leben zu beziehen, nicht nur dieses oder jenes faktische Wissen zu vermitteln. Die Handlungsfähigkeit macht zugleich aber auch bewußt, mit welchen Schwierigkeiten die Verwirklichung dieses Zieles heute verbunden ist. Wenn das schulische Lernen ausdrücklich auf die Handlungsfähigkeit bezogen wird, dann geht diese Forderung von der Tatsache aus, daß dies nicht selbstverständlich ist und daß die Lebenswelt heute immer unüberschaubarer wird und nicht zu verantwortende Abhängigkeiten erzeugt. Die technische Massengesellschaft lebt von Prozessen und wissenschaftlichen Forschungen, die dem Common sense insgesamt verschlossen bleiben. Wer weiß heute schon, wie sicher Atomkraftwerke sind?

Der Begriff der Handlungsfähigkeit betrifft daher letztlich das Verhältnis von Technik und Demokratie (8). Die politische Form der Selbstverwirklichung des Menschen ist die Demokratie. Aber Demokratie wird nicht automatisch durch technische Prozesse hervorgebracht. Die technische Perfektionierung in der Beherrschung von Naturprozessen macht den Menschen nicht von selbst verantwortungsbewußter, menschlicher oder besonnener. Eher das Gegenteil ist der Fall. Technisch gesteuerte Produktionsprozesse haben sich so verselbständigt, daß sie ihre eigenen Notwendigkeiten hervorbringen, ohne daß dabei schon berücksichtigt wäre, ob diese dem Menschen nützen oder nicht. Die von der Technik geprägte Alltagswirklichkeit erscheint viel häufiger als Verhinderung denn als Förderung der Selbstentfaltung. Wir brauchen nur an die Umweltbelastungen im Gefolge der Industrialisierung zu denken. Die technisierte Wirklichkeit wurde denn auch von vielen Autoren als eine so starke Beeinträchtigung der kindlichen Erfahrungsfähigkeit angesehen, daß man forderte, dem müsse in einer geplanten Vorschulerziehung entgegengewirkt werden (9). Daß man heute ebensowenig ohne Technik auskommen kann und die große Verweigerung keine

Alternative ist, gilt auch unbestritten. Daher wird es zu einer grundlegenden Bildungsaufgabe unserer Gegenwart, wissenschaftliche Auslegungen, die unseren Alltag regeln, partiell in den Umkreis menschlicher Sinnverständigung zurückzuholen, anders wäre eine Demokratie nicht lebensfähig. Handlungsfähig ist der, der auch heute eigenständige und verantwortliche Entscheidungen treffen kann. Daß dies immer nur in begrenzten Handlungsfeldern möglich ist, versteht sich von selbst. Wichtig ist hier der Gedanke, die Lebenswelt rational durchschaubar zu machen. Unterricht hat in einer grundsätzlichen Weise in diesen Prozeß einzuführen.

Diese Überlegungen führen notwendig zu der Frage: *Was soll das in der Grundschule?* Hat die mit dem Begriff der Handlungsfähigkeit entwickelte Zielvorstellung dort überhaupt einen Sinn? Die Antwort lautet ebenso schlicht wie einfach: »Ja!« Denn die Reflexion oder das Nachdenken beginnt nicht irgendwann einmal im Leben, etwa mit 14 Jahren oder mit 18 Jahren oder mit 24 Jahren; sie ist vielmehr ein Faktor in der Entwicklung des Kindes von der frühen Kindheit an und daher auch ein Faktor, der im Primarbereich berücksichtigt und einkalkuliert werden muß. Entscheidungen, die der Erwachsene fällen muß, haben eine lange Entwicklungsgeschichte und sind keineswegs nur das Ergebnis des Augenblicks. Das Problem ist, daß dieses Denken auf den verschiedenen Stufen unterschiedliche Äußerungsformen hat und eben demgemäß herausgefordert werden muß. Nicht die Zielvorstellung steht also in Frage, sondern ihre unterrichtliche Realisierung. Das Problem, das mit der Frage des Beginns aufgeworfen wird, ist ein didaktisches. Das schließt selbstverständlich nicht aus, daß es zu folgenschweren Fehlentwicklungen kommen kann. Didaktisch heißt ja keineswegs die bloße Vermittlung betreffend. Vermittlungen bestimmen auch den Inhalt mit. Das didaktische Problem schließt die Weise des Umgangs mit den Schülern ein, die Art, wie sie in den Anspruch von Aufgaben gelangen.

Die grundsätzlichen Überlegungen lassen wohl auch unschwer die Gefahr erkennen, von der ein so gerichteter Unterricht ständig bedroht ist, nämlich die Gefahr der *Verfrühung* und *Überforderung*.

Die sogenannte Entlarvungs- und Konfliktpädagogik war dieser Gefahr erlegen. Die Kinder wurden gleichsam ins Nichts aufgeklärt. Diese Art von Aufklärung förderte nicht das Denken der Kinder, sondern verhinderte es (wiederum), nur mit den umgekehrten Vorzeichen. Indokrination, selbst wenn sie unter den edelsten Absichten erfolgt, bleibt allemal Manipulation. Wenn man das, was zu den Alltagsgewohnheiten gehört oder zur herrschenden Überzeugung, pauschal verdächtigt als von autoritären Absichten geleitet, fordert man kein Denken heraus, sondern macht Jünger für seine Glaubenslehre. Wenn wir weiter davon ausgehen müssen, daß Sicherheit und Vertrauen die Basis eines eigenständigen Denkens sind, dann zerstören Verdächtigungen dieser Art diese Basis (10). Das zeigt, daß die Problematisierung eine Grenze hat, die nicht durch die Tradition oder Konvention gezogen ist, sondern durch den Anspruch, den das Denken selbst stellt. Es wäre aber angesichts dieser Fehlentwicklungen genauso falsch, das Ruder wieder total herumzuwerfen und die Zielsetzungen aufzugeben, die sich aus der Diskussion um die soziale Erziehung ergeben haben.

II. Didaktischer Orientierungsrahmen

Wir müssen davon ausgehen, daß der Inhalt des sozialen Lernens in der Grundschule aufs Ganze gesehen das Ergebnis didaktischer Entscheidungen ist. Die didaktische Überlegung, die immer die Unterrichtswirklichkeit und die aktuelle Theoriediskussion einschließt, bringt den Unterrichtsgegenstand hervor. Er liegt keineswegs schon in der Alltagswirklichkeit bereit und braucht nur abgeholt zu werden wie Ware aus einem Fach. Unterricht bildet nicht einfach ab. Weil dem so ist, greifen alle Ansätze bloßen Beschreibens zu kurz. Im Hinblick auf die dem Kinde möglichen Reflexionen und im Hinblick auf die sachlich als notwendig erachteten Einsichten wird ausgewählt und arrangiert. Die Inhalte des Sachunterrichts sind grundsätzlich Rekonstruktionen und keine Abbilder.

Die Grundlage dieser Unterrichtskonzeption bildet das Verständnis von Erfahrung und Wissenschaftsorientierung. Die Ausarbeitung des Unterrichts geschieht in der Vermittlung dieser beiden Faktoren. *Erfahrung* ist einmal das, was die Kinder zur Schule mitbringen und was durch Unterricht aktualisiert werden muß. Sie ist die Grundlage des Wissenwollens und die Voraussetzung der Plausibilität. *Erfahrung* ist aber auch, was der Unterricht selbst gezielt zu vermitteln hat. Er soll Erfahrungen ordnen und klären bzw. hierzu anleiten und er soll zum Sammeln neuer Erfahrungen anregen, damit das Kind neue Erfahrungsfähigkeiten entwickeln kann. *Wissenschaftsorientierung* aber betrifft das Ziel, auf das hin Unterricht anzulegen ist. Sie bezeichnet die Grundstrukturen, nach denen sich die Erfahrung ordnen kann. Wissenschaftsorientierung beschreibt dieses Ziel nur formal. Sie muß von Fall zu Fall konkret ausgelegt werden (11).

Die Spannung von Erfahrung und Wissenschaftsorientierung macht deutlich, daß sich der Unterricht nicht damit begnügen kann, über Ereignisse und Einrichtungen in der Umwelt sprechen und berichten zu lassen; er muß dem Schüler vielmehr gezielt die Möglichkeit bieten, seine Erfahrungen zu ordnen und in schlüssige Zusammenhänge zu bringen. Im Vordergrund steht *das strukturierte und strukturierende Handeln* (12). Der Schüler soll auf den Weg von der Außenansicht der Dinge, vom nur praktischen Umgang zur Einsicht in strukturelle Beziehungen gelangen und so die Möglichkeit zur eigenen Stellungnahme erhalten (13). Für die Auswahl der Inhalte ist daher die Frage entscheidend, welche Erfahrungen der Kinder denn zu solch schlüssigen Zusammenhängen und zu Einsichten entwickelt werden können. Dies führt zu der Herausarbeitung von Erfahrungsfeldern (14), die sich durch spezifische Fragestellungen zu Einheiten zusammenschließen; Fragestellungen, mit denen Kinder unmittelbar etwas anfangen können. Dabei wird eine Begrifflichkeit maßgeblich, die noch vor der einer Fachterminologie liegt, wie sie den Fachunterricht bestimmt. Die Erfahrungsfelder sind so Grundlage eines eigenständigen »Sachunterrichts«, der nicht, wie das häufig der Fall war, nur verkappter Fachunterricht mit reduziertem Stoffangebot ist.

Der Konsum ist z. B. ein Erfahrungsbereich mit intensiven Auswirkungen auf die Alltagswirklichkeit des Kindes. So spielt das Einkaufen in den verschiedensten Geschäften und zu den unterschiedlichsten Anlässen in seinem Leben eine wichtige Rolle. Aber schon die Zusammenfassung dieser spezifischen Erfahrungen unter dem Begriff Konsum bringt diese in ein gesellschaftliches Bezugsnetz. Konsum wird zu einem exemplarischen Fall für die Art und Weise, wie sich Bedürfnisbefriedigungen institutionalisiert haben. Selbstbedienungsladen und Supermarkt sind dann nicht einfach nur Selbstverständlichkeiten in der Alltagswirklichkeit, sondern das Ergebnis von Entwicklungen. Werden diese Entwicklungen und Wechselbeziehungen aufgezeigt, dann wird damit zugleich ein Stück der heutigen Lebenswirklichkeit aufgeklärt.

Alle Erfahrungsfelder haben jeweils diesen Doppelaspekt, der den Unterrichtsablauf vorgibt und das Planen leitet, ohne es festzulegen.

Im sozialen Bereich lassen sich u. a. die folgenden Erfahrungsfelder unterscheiden: Konsum — Wohnen — Freizeit — Arbeit und Produktion — Transport und Verkehr — Dienstleistung und Information. Dies ist eine inhaltliche Gliederung, die sich nicht am Fachsystem orientiert, aber auch keine Gliederung nach Fachbegriffen, wie Rolle, Herstellung, Verteilung, Verbrauch, Stand, Schicht, Klasse.

III. Das »Handeln« als Grundlage des Unterrichts

Die sozialen Studien sind nicht nur durch eigene Inhalte ausgelegt, ihre Eigenständigkeit beruht nicht nur auf der Gliederung der Lebenswirklichkeit durch Erfahrungsfelder, sondern ebenso auf spezifischen Verfahren des Lernens und Lehrens. Ohne diese Verfahren gibt es diesen Unterricht ebensowenig wie ohne die Inhalte aus der Lebenswirklichkeit. Die übliche Trennung von Inhalt und Verfahren verdeckt grundlegende didaktische Beziehungen, nämlich den Wechselbezug von Unterrichtsinhalt und Lernverfahren. Die Forderung aus den Anfängen der Reform, »Inhalte als Prozeß aufzufassen«, drückt diesen Sachverhalt prägnant aus (15).

Das spezifische Verfahren der sozialen Studien läßt sich mit dem Begriff des Handelns charakterisieren. Der Schüler erscheint in dieser didaktischen Überlegung in zweifacher Weise als ein Handelnder, als »Handelnder in der Alltagswelt« und als »Handelnder im Unterricht«.

Aufgabe der didaktischen Theorie ist es einmal, die Handlungen oder Besorgungen bewußtzumachen, durch die das Wirklichkeitsverständnis des Schülers vermittelt wird. Das Handeln ist hier der Spiegel, der die Betroffenheit des Schülers von gesellschaftlichen Einrichtungen sichtbar macht.

Aufgabe dieser Theorie ist es zweitens, die Möglichkeiten aufzuzeigen, wie der Schüler im Unterricht aktiv werden und handeln kann. Es sind Arrangements herauszuarbeiten, die dem Schüler die Gelegenheit zu solchen Aktivitäten geben, mit denen sich seine Erfahrungen klären und strukturieren. Es ist fast überflüssig, zu betonen, daß beide Handlungsebenen zusammenhängen und die unterrichtlichen Möglichkeiten eben nur aufgrund des Handelns in der Alltagswirklichkeit herausgearbeitet werden können.

Der Schüler als Handelnder in der Alltagswirklichkeit

Der notwendige Erfahrungsbezug des Unterrichts wird hergestellt durch die Fragen: »Wie handelt der Schüler in der Alltagswirklichkeit? Von welchen Besorgungen wird er eingenommen? Was beschäftigt ihn und füllt ihn aus?«

Die Herausarbeitung dieser Besorgungen vermittelt uns ein Bild, wie dem Schüler die Wirklichkeit erscheinen muß. Der Begriff der Besorgung ist ganz weit zu verstehen. Er schließt alle Aktivitäten ein, in denen Kinder ihre Welt erfahren und erleben. Sie betrachten diese Welt nicht, sondern sind immer von irgendwelchen Tätigkeiten in Anspruch genommen. So treten Kinder auf als Briefschreiber, Fernsehzuschauer, Straßenpassanten, Verbraucher von Schulartikeln, Fahrgäste in Bussen und Zügen, Besucher von Freizeitparks, Benutzer von Spielplätzen usw. (16).

Für die didaktische Ausarbeitung ist es grundlegend, diese Betroffenheit des Schülers durch Verrichtungen und Aufgaben in der Alltagswirklichkeit in den Blick zu bekommen. Die Grundzüge seiner Erfahrungen sind so herauszuarbeiten, daß sich der Unterricht auf sie beziehen kann. Damit gewinnen wir den Orientierungsrahmen für die Organisation des Lernens. Unterricht wird auf sozio-kulturelle Interaktionen bezogen, auf das Einkaufen, das Wohnen, das Fernsehen usw. Er erschöpft sich aber nicht in der bloßen Beschreibung der Institutionen und typisierten Verhaltensweisen, sondern verlängert das Handeln sozusagen in die Schule hinein, etwa in der Form spielerischer Rekonstruktionen oder Projekte, die regelhafte Zusammenhänge erkennbar werden lassen.

Mit diesen Überlegungen wird das eingeleitet, was die Curriculumtheoretiker und -konstrukteure die Begründung oder Legitimation eines Unterrichtsthemas nennen. Denn auch sie gehen von der These aus, daß der Unterricht nicht einfach die Welt draußen in kleinen Abschnitten abzubilden hat, sondern Ziele eindeutig herausgearbeitet werden müssen, welche die Wirklichkeit unter pädagogische Leitvorstellungen bringt. Diese Begründung spricht den Lehrer als Mitarbeiter an. Er soll wissen, worauf es ankommt und wie die einzelnen Forderungen zu verstehen und einzuordnen sind.

Schlüsselbegriffe (17)

Diese Einheit der Handlung in Lebenswelt und Unterricht kann mit Hilfe von »*Schlüsselbegriffen*« hergestellt werden. Mit ihnen lassen sich Möglichkeiten der Schüleraktivität erschließen, mit denen sich die soziale Wirklichkeit ausklärt.

Beispiele:

Konsum

Einkaufen ist für Kinder immer ein wichtiger Vorgang, noch wichtiger aber ist vielleicht die schmerzliche Erfarung, daß man sich viele schöne Dinge nicht kaufen kann, weil man kein Geld hat, weil man sie nicht braucht; Kaufen ist mit Wünschen verbunden, das Wünschen bringt immer auch die Frage des Brauchens auf. *Wünschen und Brauchen* sind aber auch die Pole, zwischen denen sich das Handlungsfeld Konsum erstreckt. Ziel des Themas ist, grundlegende Zusammenhänge in diesem Spannungsfeld (der Erörterung) zugänglich zu machen.

Wohnen

Die Wohnung ist für das Kind in Daseinserfahrungen gegenwärtig, im Platz für das Essen, im Zimmer für das Schlafen, in der Ecke für das Spielen. Lebensaktivitäten wie Essen, Waschen, Schlafen, Spielen, Feiern machen die Wohnung zum gelebten Raum. Sie ist dies zuerst und vor allem und nicht zweckmäßige Einrichtung. Der Gesichtspunkt der Zweckmäßigkeit ergibt sich erst aus der distanzierenden Betrachtung, die der Unterricht herbeiführen muß.

Die Wohnung ist Stätte des Zusammenlebens. Wohnung und Familie, Haus und Nachbarn bilden eine Einheit. Das Kind erfährt, wie man sich auf andere einstellen muß und wie sich Interessen gegenseitig begrenzen. Sein Verhalten wird ausdrücklich, aber auch unausdrücklich, von Regelungen bestimmt. Im Unterricht sollen Regelungen an konkreten Fällen zugänglich gemacht werden.

Das Einrichten und die Regelungen des Zusammenlebens sind die Schlüsselbegriffe der didaktischen Aufarbeitung.

Freizeit

Freizeit wird unmittelbar als ein zu verplanender Freiraum erlebt, in dem auch alltägliche Besorgungen zu verrichten sind. Sie enthält daher ebenso die Herausforderung, richtig zu planen, wie den Anspruch, der Langeweile zu begegnen. Der Unterschied von sinnloser Zerstreuung, Langeweile und erfüllter Zeit gehört zu den grundlegenden Freizeiterfahrungen. Ziel dieser Einheit ist aber nun nicht, kreative Freizeitgestaltung zu lehren; dies hängt von Faktoren ab, die nicht Ergebnis einiger Unterrichtsstunden sein können, so z. B. die Ausbildung eines Hobbys. Ziel des Unterrichts dagegen ist, Einsichten in das Wechselspiel zwischen eigenem Verfügen und dem Verfügen anderer über meine Zeit zu vermitteln. Dies schließt selbstverständlich die *Beurteilung von Freizeitverhalten* ein. Einen ersten Zugang zu dieser Fragestellung erreicht man sowohl durch das Bewußtmachen von Zeitplanungen als auch durch die Durchführung eigener Planung in Projekten. Dabei kommen die Bedingungsfaktoren gesellschaftlichen Daseins zur Sprache. Das Zeitverfügen ist der didaktische Schlüsselbegriff dieser Einheit. Er umfaßt auch die Beziehung von Freizeitverhalten und Freizeitangebot.

Information

Wir brauchen Informationen, um ein Gerät zu handhaben, Kaufentscheidungen zu treffen, Reisen zu planen, uns in einer fremden Gegend zurechtzufinden, ja um überhaupt am »öffentlichen Leben« teilnehmen zu können. Wir bekommen aber auch ständig Informationen, ohne sie aufzusuchen und zu brauchen, so in den Meldungen und Nachrichten der Zeitung, des Rundfunks, des Fernsehens. Unsere Alltagswirklichkeit ist angefüllt mit Informationen, denn selbst die Hinweisschilder in öffentlichen Gebäuden, die Anschlagtafeln, Plakate, Kataloge, Verkehrsbeschilderungen gehören in den Erfahrungsbereich der Information. Daher erfahren schon Kinder sehr früh ihren Einfluß. Diese Allgegenwärtigkeit der Informationen gibt dem einzelnen die Möglichkeiten, in den unterschiedlichsten Bedürfnislagen sein Handeln zu steuern, Besorgungen zweckmäßig auszuführen und sich zu bestimmten Ereignissen seine Meinung zu bilden. Informationen stellen allgemein Öffentlichkeit her, an der der einzelne teilnehmen kann: verantwortliche Teilnahme aber erfordert das Auswählen und Überprüfen. Die Fülle der Information macht die individuelle Verständigung zu einem Problem; sie begünstigt das oberflächliche Bescheidwissen und die blinde Anpassung an die öffentliche Meinung. Es wird daher eine wichtige didaktische Ausgabe sein, die Fähigkeit der verantwortlichen Informationsverarbeitung zu fördern. Dies ist so zu arrangieren, so daß die Übersetzung einer Information in das eigene Handeln unmittelbar überprüft werden kann. Das Übersetzen ist denn auch die Leitlinie für die didaktische Ausarbeitung des Themas.

Der Schüler als »Handelnder« im Unterricht

Die Forderung, den Schüler im Unterricht »handelnd in Erscheinung« treten zu lassen, führt uns mitten in die Praxis. Es ist daher angebracht und auch hilfreich, wenn wir uns Zeugnissen aus der Praxis zuwenden, die diese Forderung belegen:

Fassen wir zuerst unsere bisherigen Überlegungen zusammen, um eine tragfähige Ausgangsbasis zu gewinnen.

1. Gegenstand des Unterrichts ist die Lebenswelt des Schülers, und zwar in charakteristischen Ausschnitten, nicht global als Ganzes. Wir sprachen von Erfahrungsfeldern.

2. Aufgabe des Unterrichts ist die Vermittlung der »Handlungsfähigkeit«. Diese kann nicht unmittelbar eingeübt und gelehrt werden; sie ist vielmehr das Ergebnis des besonnenen Handelns, das Ergebnis also von Tätigkeiten, die zum Nachdenken zwingen und Zusammenhänge bewußtmachen.

3. Wenn »Handlungsfähigkeit« nur durch besonnenes Handeln zu erreichen ist, dann wird das Verfahren, die Weise des Vorgehens grundlegend. Der Unterricht muß selbst zu einem Prozeß besonnenen Handelns werden, und zwar im Hinblick auf die genannten Erfahrungsfelder.

4. Das Ergebnis des besonnenen Handelns ist die Strukturierung der Erfahrungs- und Lebenswirklichkeit des Schülers. Er gelangt von der Außenansicht der Dinge zu den Gesetzen und Regeln, die sie bestimmen oder hervorbringen.

Diese Sätze legen die Lehrtätigkeit auf die Grundlinie fest, dem Schüler gezielt, eben durch methodische Arrangements und Material, Gelegenheit zu besonnenem Handeln zu geben. Die Schülertätigkeit selbst wird im Rahmen der ausgearbeiteten Zielvorstellungen zur Grundlage des Unterrichts. Wie das aussieht, soll die Gegegenüberstellung von Belehren und Bewußtmachen zeigen. In der Belehrung übernimmt der Schüler das, was diejenigen, die es besser wissen müssen, ihm sagen. In dem Prozeß des Bewußtmachens werden ihm dagegen durch die Anstrengung eigenen Nachdenkens, Beziehungen in der Lebenswirklichkeit deutlich.

Belehrung

In einem Arbeitsbuch für das dritte Schuljahr finden wir die folgende Darstellung:

Wohnung und Arbeitsplatz (18)

»Jeden Morgen begleitet Margit ihren Vater auf dem Weg zur Schule. Wenn Margit in die Schulstraße einbiegt, muß der Vater noch ein Stück weitergehen. Dann ist er an seinem Arbeitsplatz. Er arbeitet in einer Fabrik.
Auf dem Weg begegnen Margit und Vater Herrn Scholz und Herrn Schmidt. Herr Scholz ist Postbeamter, Herr Schmidt arbeitet an einer Tankstelle. Manchmal sprechen sie über die Arbeit, die der Tag für jeden bringen wird.
Eines Morgens sagt Margit zu ihrem Vater: ›Eigentlich ist es dumm, daß wir jeden Tag so weit gehen müssen, du zur Arbeit und ich zur Schule. Wie schön hat es Herr Maier, unser Kaufmann: er braucht von seiner Wohnung aus nur die Treppen in das Erdgeschoß hinabzusteigen, dann ist er an seinem Arbeitsplatz.‹
›Du hast recht, Margit‹, entgegnet der Vater, ›aber es geht nicht anders. Stell dir vor, alle Leute, die in meiner Fabrik arbeiten, wollten auch neben der Fabrik wohnen! Oder alle Kinder, die in deine Schule gehen, würden im Schulhaus wohnen!‹
Margit lacht. Das kann sie sich gar nicht vorstellen. Nachdem sie eine Weile nachdenklich neben dem Vater hergegangen war, meint sie: ›Ähnlich ist es mit der Post und der Tankstelle. Diese können auch nicht neben dem Wohnhaus aller darin arbeitenden Menschen errichtet werden. Wir brauchen ja nur eine Post.
Vater ergänzt: ›Eine Tankstelle muß man stets an eine Hauptverkehrsstraße bauen, damit möglichst viele Autofahrer sie sehen und dort tanken können.‹
Alle Menschen müssen arbeiten. Wohnung und Arbeitsplatz sind am Wohnort oft räumlich getrennt.« (Wolf-Buch: Sachunterricht 3. Sachunterricht in der Grundschule, 3. Jahrgangsstufe, Regensburg 1972)

Thema der Unterrichtseinheit ist der Weg zur Arbeit und damit aufs Ganze gesehen das Problem des Nahverkehrs. Doch das wird gar nicht erörtert. Auf eine einfache Weise wird vielmehr erklärt, warum man heute häufig einen weiten Weg zur Arbeitsstätte hat. Doch bedarf diese Erklärung eines Anstoßes oder einer Frage. Diese Frage wird nun in einer Geschichte aufgebaut; sie wird erlebnismäßig inszeniert. »Margit begleitet jeden Morgen ihren Vater zur ...« Der Schüler wird sich diese Geschichte wie viele andere Geschichten anhören. Sie ist weder sonderlich spannend, noch fordert sie zum Handeln oder Nachdenken heraus. Das ist halt so, daß die meisten Menschen, Erwachsene wie Kinder, einen längeren Weg zur Schule oder zur Arbeit haben. Wo käme man auch hin, wenn alle in der Nähe ihres Arbeitsplatzes wohnen wollten. Das Problem der Zersiedlung, der Zerstörung der Wohnqualität durch Fabriken, der großen Wohndichte in Ballungsgebieten, der technischen Entwicklung wird in der schlichten Frage zusammengefaßt: »Eigentlich dumm, daß wir jeden Tag so weit gehen müssen!« Werden damit dem Schüler aber Anstöße gegeben, dieser Frage selbst nachzugehen, und bekommt er überhaupt Material in die Hand, um das auf eigenständige Weise tun zu können? Die Schüler können lediglich aufzählen, was ihnen zu den vorgestellten Begründungen noch einfällt. Eine strukturierende Tätigkeit ist das wohl kaum. Doch ist das sicher auch gar nicht beabsichtigt. Der Schüler hat lediglich die Tatsache zu lernen, daß Arbeitsplatz und Wohnung oft voneinander getrennt sind. Hier wird nichts bewußt; denn dies setzt eigenes Kombinieren und Erkennen voraus. Bewußtwerden heißt, daß man plötzlich Erscheinungen in einem Zusammenhang sieht. Dazu bedarf es des Anstoßes aber durch eine Frage, die einen tatsächlich in Schwierigkeiten führt und die zu Lösungen drängt. Für den Unterricht heißt das weiter, daß dem Schüler durch entsprechendes Material auch die Möglichkeit zur Lösung auf der Ebene seines Denkens gegeben werden muß.

2. Beispiel: »Macht, Kontrolle, Mitbestimmung« (19)

Dieses Beispiel zeigt, wie dem Schüler Material vorgelegt wird, das eine eigene Stellungnahme herausfordert. Die Absicht, zum kritischen Denken zu erziehen, ist ganz offenkundig ... (Bei diesem Beispiel wie bei den vorhergehenden geht es nicht um

Kritik an Büchern, das wäre unangemessen und unfair, weil man nur eine Einheit herausnimmt, ohne sie in den Gesamtentwurf einzuordnen. Hier werden lediglich faktische Einzelfälle didaktischer Entscheidungen diskutiert.)

„Was denn jetzt schon wieder? Du hast doch schon!"

Vergleiche die Kleidung von Herrn A und Herrn B.

Vergleiche die Haltung von Herrn A und Herrn B.

Wer von beiden sagt zum anderen: „Was denn jetzt schon wieder? Du hast doch schon!"

Wer von beiden ist wohl der Stärkere (Mächtigere)?

Herr A und Herr B tragen beide ihre Arbeitskleidung:

Welche Berufe könnte Herr A ausüben?
Welche Berufe könnte Herr B ausüben?

Der Zeichner wollte mit seinem Bild mehr aussagen, als man auf den ersten Blick sehen kann. Herr A ist zwar dabei, etwas zu essen, und Herr B hat einen leeren Teller. Trotzdem geht es gar nicht um das Essen, denn beide sehen recht kräftig und gut genährt aus.

Worum geht es dem Zeichner?
Das kann man herausfinden, wenn man darüber diskutiert, zu wem die folgenden Sätze passen:
  zu Herrn A?
  zu Herrn B?
  zu beiden?
  zu keinem?
„Er ist einer, der viel zu sagen hat."
„Er denkt an sich und will für sich etwas herausschlagen."
„Er ist hungrig und will etwas zu essen haben."
„Er muß sich sagen lassen, was er tun darf."
„Er will allein bestimmen."
„Er will mitreden."
„Er hat Macht und kann über andere bestimmen."
„Er will seine eigenen Interessen durchsetzen."
„Er ist mit seiner Lage zufrieden und möchte nichts ändern."
„Er ist einer, der nichts zu sagen hat."
„Er ist nett und freundlich."
„Er verteidigt seinen Besitz."
„Er hat keine Macht. Andere bestimmen über ihn."
„Er ist mit seiner Lage unzufrieden und möchte etwas ändern."
„Er glaubt, daß er genug getan hat."
„Er will mitbestimmen."
„Er fordert mehr Rechte für sich."

! Zur Information:

Wenn ein Zeichner Dinge, die er für wichtig hält, übertreibt, dann zeichnet er eine

Karikatur.

Auch darüber muß man nachdenken:
Vertritt der Zeichner mehr die Interessen vo Herrn A oder
steht er mehr auf der Seite von Herrn B?

Karikatur und Text beschreiben ein typisches Verhältnis aus der sozialen Wirklichkeit. Nun läßt sich keineswegs bestreiten, daß das, was hier beschrieben ist, so ist oder daß es gute Gründe gibt, dies so zu sehen. Aber welchen Handlungsspielraum und welche Überprüfungsmöglichkeiten hat der Schüler denn? Bietet dieses Arrangement Gelegenheit zu besonnenem Handeln? Ist es vielmehr nicht so, daß hier relativ abstrakt ein Gegensatz konstruiert und stilisiert wird, den der Schüler als etwas Faktisches hinnehmen muß. Die offenen Fragen zielen doch immer auf diese Verhältnisse als Faktum hin. Auch hier ist zu bezweifeln, ob ein Prozeß der Bewußtwerdung stattfinden kann. Die Schüler können nicht Faktoren gegeneinander abwägen und Kombinationen vornehmen, durch die sich ihre Erfahrungen erhellen. Auch die Anmerkung »Zur Information« reicht dazu nicht aus. Letztlich wird hier nur über die Rollenverteilung in der Arbeitswelt belehrt.

Bewußtmachung

1. *Beispiel:* Der Fahrplan (20)

Hier handelt es sich um eine sehr umfängliche Darstellung, aus der wir nur so viel entnehmen, wie zum Verständnis des Zusammenhangs erforderlich ist.

(W. Nestle: Unterrichtsmodelle als konstruktive Beiträge zur Curriculumforschung und -entwicklung. Dargestellt am Unterrichtsgegenstand Fahrplan. Aus: Reflektierte Schulpraxis. Villingen: Neckar-Verlag. Loseblattsammlung.)

Gegenstand ist der Fahrplan, den wahrscheinlich die meisten Schüler mehr oder minder flüchtig kennen. Ziel des Unterrichts ist aber nun nicht, das flüchtige Bescheidwissen in eine genaue Kenntnis zu überführen, auch nicht, das Fahrkartenlesen zu üben; Ziel ist vielmehr, Bezüge sichtbar zu machen, die hinter den Erscheinungen liegen. Zu diesen Erscheinungen können wir rechnen: Erfahrungen von Stoßzeiten im Verkehr, morgendliches Gedränge am Bahnhof, im Bus, auf der Straße. Im einzelnen läßt sich das nicht festmachen, allgemein kann man aber unterstellen, daß heute Zehnjährige schon spezifische, beiläufige

Verkehrserfahrungen haben. Der Fahrplan ist eine Einrichtung im öffentlichen Leben, die bekannt ist. Diese Einrichtung nun wird im Verlaufe des Unterrichts als das Ergebnis menschlichen Handelns erfahren. Er wurde von Menschen gemacht, d. h. aber, ihm liegen bestimmte Notwendigkeiten zugrunde; er läßt sich daher auch auf bestimmte Bedürfnisse hin interpretieren. Damit wird der Fahrplan zu einem Indikator des gesellschaftlichen Lebens von heute.

Einen guten Einblick in das didaktische Arrangement können die folgenden graphischen Darstellungen bieten. Sie sind Ergebnis oder Grundlage für Schülerarbeiten. Sie machen zugleich deutlich, wie der Fahrplan didaktisch verfremdet wird.

1. Die Schüler stellen eine Übersicht her auf der Grundlage des Fahrplanes: welche Züge im Verlaufe eines Tages im Hauptbahnhof Stuttgart ankommen oder abfahren (Ablösung von der unmittelbaren Wirklichkeit; Schüler erzeugen einen neuen Sachverhalt).

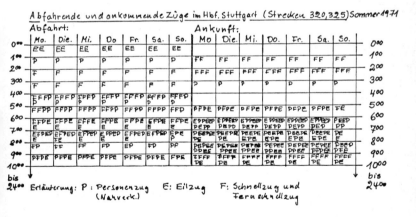

2. Die gesammelten Daten werden in eine graphische Übersicht getragen: Abszisse: Tageszeiten/Zeitintervall
Ordinate: Menge der Züge

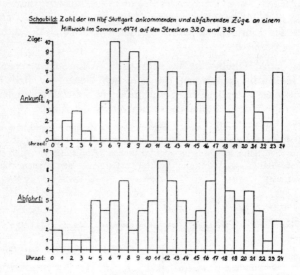

Die Schüler erhalten eine interpretierbare Übersicht. Unterschiedliche Verkehrsdichte wird sichtbar und damit der Zusammenhang des Verkehrs mit der Arbeitszeit.

3. und 4. Vorlage von zwei Diagrammen, die die Schüler zu interpretieren haben:

a) Ankommende und abfahrende Menschen im Verlaufe eines Tages:

Abszisse: Tageszeit

Ordinate: Zahl der Menschen

Zwei Kurven: 1. Mo bis Frei
2. Sa

b) Monatliche Schwankungen des Personenverkehrs im Verlaufe eines Jahres:
Abszisse: Monate
Ordinate: Zahl der Menschen
Zwei Kurven: 1. Nahverkehr
2. Fernverkehr

Die unterschiedlichen Reisebedürfnisse im Verlaufe eines Jahres. Herausforderung neuer Erklärungen, die die ersten Einsichten auf neue Verhältnisse übertragen und so bestätigen. Erkennen des Verhältnisses von Einrichtungen und Bedürfnis und der Faktoren, die die Bedürfnisse verändern.

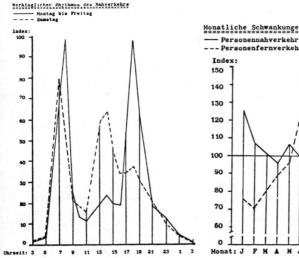

Die Unterrichtseinheit wird abgeschlossen durch ein Arbeitsblatt, auf dem in der Art eines Protokolls eine Fahrplankonferenz wiedergegeben wird. Die »Konferenz« aber ist der exemplarische Ausdruck für den Prozeß, dessen Ergebnis der Fahrplan ist. Hier wird in der Tat bewußt, was vorher so nie gesehen worden war, weil es nur dem gezielten Nachdenken entspringt. Einer bloßen Betrachtung oder Beschreibung erschließt sich das nicht. Der Fahrplan war im Unterricht zum Gegenstand besonnenen Handelns geworden, mit dem sich die heutige gesellschaftliche Wirklichkeit an einem Punkt aufgehellt hat.

2. *Beispiel:* Auszug aus einem Schülergespräch zum Thema »Sympathie und Antipathie sind machbar« (21)

Der Auszug aus dem Schülergespräch macht die Anstrengung des Nachdenkens sichtbar, die zum besonnenen Handeln gehört. Dem Gespräch sind folgende Arbeitsschritte vorangegangen.

— Die Schüler haben sich und den Lehrer aus verschiedenen Perspektiven gemalt. Sie haben bewußt tendenziöse Bilder hergestellt und sich über diese unterhalten.

— Es wurde ihnen zur Beurteilung das Bild eines Politikers vorgelegt, das so retuschiert war, daß dieser Mann auf jeden Betrachter unsympathisch wirkte.

Als den Schülern das Bild vorgelegt wurde, reagierten sie spontan. Das war für alle ein höchst unsympathischer Kerl. Der ist böse. An ihre eigenen manipulativen Tätigkeiten dachten sie nicht. Warum auch? Gestern hatten sie gemalt, heute betrachteten sie Bilder. Sie hatten genau die Haltung, die man in der Regel vor einem Druckerzeugnis hat, man ist in einer bestimmten Richtung »beeindruckt«. Das Hinnehmen ist sozusagen die erste Stufe. Der Auszug bedarf keines Kommentares. Trotz der straffen Führung durch den Lehrer wird erkennbar, wie die Schüler stutzig werden und ihre bisherige Auffassung umkippt, ja ins Gegenteil umschlägt. Eigentlich ist der Reporter böse und nicht der Mann auf dem Bild. Ihnen wird an einer Stelle mühsam bewußt, daß zu Bildern immer eine Perspektive gehört, aus der sie gesehen wurden, und daß es von der Perspektive wesentlich mit abhängt, wie wir etwas sehen.

L So ein Bild entsteht nicht von allein.
S Das ist ja eine Fotographie.
S Der hat grad Ärger.
S Das haben die aufgenommen.
L Du sagst »die«.
S Die Kamera.
L Gut, die Kamera kommt angelaufen auf zwei Beinen und knipst.
SS (Lachen) Der Kameramann.
L Und der Kameramann hat nur diese eine Möglichkeit gehabt, den Herrn Strauß zu knipsen?
S Nein, der konnte ja auch noch schönere machen, wo er nett drauf ist.
L Ja. Hat er aber nicht gemacht. Er hat absichtlich diesen Augenblick abgewartet und dann geknipst. Warum wohl hat er so ein häßliches Bild gemacht? (Pause)
S Weil er böse war. Weil er böse ist.
L Wer?
S Der Mann, der da, der ... der Fotograf! Der hat ihn doch geknipst, grad wo er Ärger hatte.
L Aber weiß der Fotograf denn nicht, daß viele Menschen das dann sehen auf der Zeitung? Ein nettes Bild wäre doch schöner gewesen.
S Vielleicht hat er den noch nie so böse gesehen, und nun wollte er ihn mal knipsen, wo er böse ist.
S Vielleicht ist da was geschrieben in der Zeitung?
S Vielleicht sollen noch mehr Leute sehen, daß der böse ist. Kann man ja auch im Fernsehen sehen, aber manche Leute haben ja kein Fernsehen.
S Dann kaufen die Leute die Zeitung und denken: Da muß ich mal lesen, was der grad hat, da muß ich mal die Zeitung kaufen.
S Da weiß man gleich, daß der 'n Verbrechen gemacht hat, oder, sonst so, Geld gestohlen hat.
SS (Näe!)
L Weiß man das wirklich, wenn man so ein Bild sieht?
S Das kann man nicht wissen.
S Das wurmt den doch.
L Und trotzdem wird das Bild gedruckt.
S Wenn man das druckt, da soll man doch direkt denken, daß der was verbrochen hat.
S Sonst drucken die das ja nicht.

Sicherlich ruft ein solches Gespräch und eine solch punktuelle Einsicht noch keine Verhaltensänderung hervor, etwa in der Art, daß Schüler nach dieser Stunde Zeitungsbildern kritischer gegenüberstehen und besonnener urteilen. Das Erkennen der Perspektive und die Revision des ersten Urteils durch sachliche Erörterungen muß immer wieder und an immer neuen Fällen durchgespielt werden. Erst auf lange Sicht und in Verbindung mit weiteren Faktoren kann eine kritische Haltung entstehen, der das Vergleichen und Überprüfen zur zweiten Natur geworden ist. Damit tritt ein weiterer wichtiger Aspekt der Bewußtwerdung hervor, nämlich die Begrenzung und der Zeitverbrauch. Die Bewußtwerdung betrifft die Gesamtperson des Kindes, sie ruft Lernprozesse hervor, die nur langfristig zu Ergebnissen führen und daher langfristiger Planungen bedürfen, die dem Schüler auf immer höheren Ebenen die Möglichkeit gibt, die gewonnenen Einsichten anzuwenden. Durch eine einmalige Belehrung läßt sich hier ebensowenig etwas erreichen wie durch linear verstärkende Übungen. Im ersten Fall ist es zu wenig und im zweiten Fall zu äußerlich. Soziales Lernen ist mehr als Konditionierung.

Grundstrukturen der Schülertätigkeit

Die gezielte Herausforderung der Schülertätigkeit wird von zwei Prinzipien bestimmt, der »symbolischen Darstellung« und der »spielerischen Rekonstruktion« (22). Beide sind aufs engste miteinander verwoben. Die symbolische Darstellung verfremdet alltägliche Erlebnisse und erschließt sie der Erörterung. Das Kind gewinnt die Möglichkeit, Erfahrungen zu vergegenständlichen und zu betrachten. Erst in diesem Betrachten lernt der Schüler, hinter die Dinge zu schauen und Ursachen und Wirkungen zu erkennen. Die spielerische Rekonstruktion aber hebt die Tatsache hervor, daß der Unterricht sich nicht unmittelbar auf die Wirklichkeit bezieht, wie das in Beschreibungen, Belehrungen und Erklärungen der Fall ist, sondern durch die Vermittlung des didaktischen Materials. Material muß hier im weitesten Sinn verstanden werden. Auch die Inszenierung von Rollenspielen ist hinzuzurechnen. Das Material soll die Schüler zu Aktivitäten provozieren, mit denen sie die Wirklichkeit in den Unterricht hereinholen. Erst durch ihr Handeln wird die Lebenswelt in spezifischen Ausschnitten gegenwärtig und Gegenstand möglicher Beurteilungen.

Symbolische Darstellung und spielerische Rekonstruktion sollen mit Beispielen näher beschrieben werden.

Die symbolische Darstellung (siehe Abbildung)

Die Abbildung gibt wieder, wie ein Schüler der ersten Klasse in einem vorgegebenen Raster die Tagesabläufe der Mitglieder seiner Familie gemalt hat, den eigenen selbstverständlich eingeschlossen. In dieser Darstellung ist er aus der unmittelbaren Aktion und aus dem Fluß der Handlungen ausgestiegen; er hat sich diese im »Malen« vergegenwärtigt und als Ganzes betrachtet. Dieses Malen ist eine Form des symbolischen Handelns, wie es hier verstanden wird. Mit Bildern (Symbolen) werden Ereignisse vergegenwärtigt und in eine Übersicht gebracht. Man kann z. B. erkennen, daß die Familienmitglieder, bis auf die wahrscheinlich kleinere Schwester, gemeinsam zwischen 7 und 8 Uhr Kaffee trinken, daß der Junge und die Mutter vormittags in der Schule sind, die Mutter demnach Lehrerin ist, und daß sie nach dem Essen einen Mittagsschlaf hält usw. Für unseren Zusammenhang ist die mitgeteilte Aussage des Jungen wichtig, als er sich das fertige Bild anschaut. Er bemerkt nämlich, daß sein Vater eigentlich den ganzen Tag am Schreibtisch sitzt. »Ja, das stimmt ja, du sitzt immer am Schreibtisch!« Vorher war ihm dies gar nicht so bewußt gewesen, obwohl er den Vater am Schreibtisch sitzend erlebt hat. Jetzt aber, in der zusammenfassenden Objektivierung des Handelns durch die Darstellung, fällt es ihm auf. Das Bild fordert den Vergleich und die Interpretation heraus. Damit ist ein Anstoß gegeben, andere Tagesläufe zu interpretieren und zu vergleichen und etwa so zur Frage der Freizeit und Arbeitszeit vorzustoßen.

Die Erkenntnis, daß der Vater den ganzen Tag am Schreibtisch sitzt, ist noch beiläufig und an den konkreten Sachverhalt gebunden. Doch sie markiert einen Anfangspunkt, der schon alle

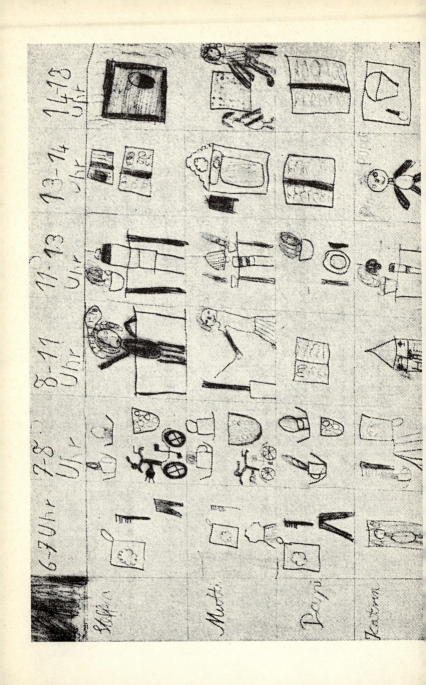

Züge weiterführender Einsichten aufweist. Das eigene Verhalten wird von einem umfassenderen Zusammenhang her interpretiert. Auf einer höheren Ebene könnte das z. B. das eigene Verhalten im Hinblick auf Werbung oder Freizeitangebote sein. Auch hierzu wäre die objektivierende Darstellung durch ein geeignetes Symbolsystem erforderlich.

Die spielerische Rekonstruktion

Die Arbeitsblätter (23) zeigen, wie ein Handlungsrahmen für Schüleraktivitäten abgesteckt ist, der Gelegenheit zu Tätigkeiten gibt, die für den Erfahrungsbereich Konsum charakteristisch sind und die zugleich Überlegungen einschließen, die in einfacher Weise einen konkreten Fall exemplarisch für bestimmte gesellschaftliche Institutionalisierungen werden lassen. Spielerische Rekonstruktion heißt also, daß die Schüler in der Schule Tätigkeiten vollziehen, die im Alltag auch vollzogen werden, nur sind sie nicht zweckgebunden; es sind keine im Alltag notwendigen Besorgungen, sondern deren spielerische Wiedergabe. Dabei ist nicht nur die strukturelle Identität wichtig, sondern auch das Ergebnis des Handelns und dessen Beurteilung. Erst in der Beurteilung und begründeten Stellungnahme vollzieht sich besonnenes Handeln; die Ebene einer bloßen Beschäftigung und Betriebsamkeit wird damit grundsätzlich verlassen.

Im ersten Beispiel (s. Abb. 2) sollen Schüler einen Rucksack für einen Ausflug (oder eine Tasche für das Schwimmbad) packen und gemeinsam die Frage erörtern: Was braucht man und was braucht man nicht? Was ist praktisch und was ist unpraktisch? Damit sind die Schüler herausgefordert, an einem Fall die Beurteilung von Bedürfnissen durchzuspielen und Bedarfsentscheidungen zu fällen.

Das zweite Blatt (s. Abb. 3) bietet Versatzstücke, mit denen die Schüler selbst ein kleines Werbeplakat herstellen können. Bilder stellen das Produkt dar. Ihnen sind die passenden Werbesprüche und wirksame Namen zuzuordnen. Die Schüler machen sozusagen in einfacher Form selbst Werbung und erfahren dabei, daß Bezeichnungen und Werbesprüche austauschbar sind.

Marion geht ins Schwimmbad

»Die kleine Pause im Alltag: Verwöhn dich mal!« kann sowohl auf die Limonade als auch auf die Schokolade bezogen werden. Werbesprüche geben also keine Informationen, sondern sprechen Vorstellungen an. Auch hier handelt es sich um einen Fall, der auf einer einfachen Ebene ausgespielt wird. Die Überlegungen bleiben noch ganz im Konkreten. Doch ist dies die unaufhebbare Voraussetzung, wenn institutionalisierte Ordnungen erkannt werden sollen; denn nur aufgrund konkreter Fälle sind Verallgemeinerungen möglich, die das zeigen, was man Strukturen der gesellschaftlichen Wirklichkeit nennen kann.

Das Arbeitsblatt (Abb. 4) »Aus einem Katalog« ist dem Kaufkatalog eines Versandhauses nachempfunden. Den Schülern einer 2. Klasse werden Einrichtungsgegenstände angeboten, mit denen sie ein Kinderzimmer einrichten können. Die einzelnen Gegenstände haben unterschiedliche Punktwerte; den Schülern stehen zum Kauf insgesamt 20 Punkte zur Verfügung. Sie müssen also auswählen. Der Ablauf ist so gedacht, daß sie die für ihre 20 Punkte ausgewählten Dinge auf ein Blatt kleben und eine Zimmerkollage herstellen.

Einzelne Kollagen werden dann miteinander verglichen und diskutiert. Das ist selbstverständlich nur dann möglich und sinnvoll, wenn unterschiedliche Ergebnisse entstanden sind, was anzunehmen ist. In der Diskussion werden die Kinder ihre Wahl gegenüber anderen verteidigen oder begründen. Sie verhandeln, was sie für wichtig halten und was für sie weniger wichtig ist. Dazu müssen sie spezifische Erfahrungen heranholen und weiterreichende Beziehungen knüpfen, z. B. welche Tätigkeiten sie in dem Zimmer ausüben möchten und warum sie dies für wünschenswert oder erforderlich halten. Die rekonstruierte Wirklichkeit ist die Basis der Erörterung. Die Frage »nötig oder wünschenswert«, »wünschenswert oder unzweckmäßig« wird nicht vorangestellt. Entscheidend ist, daß die Kinder in den Prozeß des Begründens kommen und dabei auf die Frage der Zweckmäßigkeit stoßen. Sie sollen unmittelbar die Konsequenzen ihrer Wahl erfahren.

1

FRISCH WIE EIN JUNGER SOMMERMORGEN!

STURMWIND

DIE SCHONENDSTE FRISCHE UND STRAHLENDSTE REINHEIT!

BLITZER

KLAR UND REIN DIE GARANTIE FÜR GESUNDHEIT UND WOHLBEFINDEN

TARSANIA

WUNDERBLÜTE

DIE KLEINE PAUSE IM ALLTAG: VERWÖHN DICH MAL!

NIMM - MICH!

DER KLEINE MIT DER KRAFT DER RIESEN

SUPER - 10

AUSDAUER UND SCHNELLIGKEIT DARAUF KOMMT ES HEUTE AN: DAMIT STEHST DU DEINEN MANN!

DUCK

BRAUSEWIND

ÜBERMÜTIG UND JUNG – DER NEUE SCHWUNG!

WASCH DAS

2

Aus einem Katalog

Du willst dein Zimmer einrichten.
Was brauchst du? Was möchtest du haben?
Kaufe ein. Du hast aber nur eine bestimmte Menge „Geld" zur Verfügung!
Dein „Geld" sind die nebenstehenden Punkte.
Der Preis steht unter den Waren. Ein Stuhl kostet zum Beispiel einen Punkt.
Jetzt wähle aus und kaufe!

Du hast 20 Punkte zum Einkaufen.
Streiche ab, wenn du etwas gekauft hast!

○ ○ ○ ○ ○
○ ○ ○ ○ ○
○ ○ ○ ○ ○
○ ○ ○ ○ ○

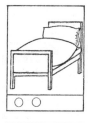

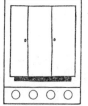

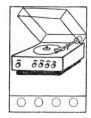

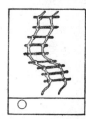

Zusammenfassung: Unterricht unter dem Aspekt des Spiels

Die beiden Prinzipien, die symbolische Interaktion und die aktive Rekonstruktion, zeigen, daß das Spiel dem Unterricht eine pädagogische Dimension eröffnen kann. Kennzeichen des Spiels ist, wenn man sich einmal erlaubt, von der in vielen Deutungen nachgewiesenen Komplexität abzusehen, das selbstorganisierte Tun und zweckfreie Handeln. Das Kind erlebt sich als Initiator. Kennzeichen des Unterrichts dagegen ist die Zielorientierung und Planung. Er will ein bestimmtes Ziel erreichen. Beide Aspekte werden in den vorgestellten »Spielen« — oder allgemeiner in der Anlage des Unterrichts als Plan-, Rollen- oder Experimentierspiel — miteinander vermittelt. Die Handlungsräume des Kindes sind nicht durch Lernziele ausgesteuert, sondern offen, so daß das Kind selbst Entscheidungen treffen kann und in die Lage versetzt wird, seine Entscheidungen an ihren Konsequenzen zu überprüfen. Das Spiel stellt den handelnden Menschen wirklich in den Mittelpunkt. Doch dieses eigene Tun und Handeln wäre beliebig oder funktionslos, würde es nicht auf Lernziele in einem umfassenderen Verständnis bezogen. Das Probierdenken, das durch das unterrichtliche Arrangement herausgefordert wird, muß einbezogen bleiben in die Zielvorstellung, die dem Lehrer bewußt sein muß, die er sozusagen »ständig im Sinn« hat. Doch das ist nur möglich, wenn sich diese Zielvorstellung in der Lehrplanung so konkretisiert hat, daß der Lehrer den Handlungen des Kindes ansieht, wie sie gezielt weiterzuführen sind.

Das Spiel bezieht auch auf eine neue Weise den Unterricht auf die Wirklichkeit. Nicht die Anschauung ist die Grundlage, sondern das Handeln in einem Spielraum, den das didaktische Material entwirft. Der Unterricht ist auf das gerichtet, was sozusagen im Rücken der Kinder liegt, ihre Erfahrungen, die sie zur Schule mitbringen und die sie nicht artikulieren können, weil sie nicht ohne weiteres Gegenstand des Unterrichts sind. Sie müssen erst der Erörterung zugänglich gemacht werden. Erörtern heißt nicht, darüber schwätzen oder bloß reden, sondern bewußtmachen von Einsichten und Zusammenhängen, die man vorher gar nicht gesehen hat.

Mit einer negativen Beschreibung soll abschließend gezeigt werden, wie der Wirklichkeitsbezug nicht zu verstehen ist, und zwar durch Überlegungen zum Rollenspiel. Ich gehe von einer Kritik am Rollenspiel aus (24). In ihr heißt es: »Die entscheidende emotionale Betroffenheit im Ernstfall des wirklichen Ereignisses, die daraus sich ergebenden Spontanreaktionen als Handlungsaktivität, das alles können diese Bilder und Spiele nicht einbringen. Die Neuerer kritisieren so oft und so heftig die sogenannten Manipulationen, mit denen der Lehrer die Schüler seinen Absichten unterwirft. Aber diese Einleitungstricks sind durch just dieselben Manipulationen, mit denen verfälschte Ausgangspositionen künstlich herbeigeführt werden. Ich gebe ein Beispiel: Zwei Schüler sollen, angeregt durch ein Bild, vorspielen, wie sich zwei Kinder um den Besitz einer Puppe streiten, die einem Kind gehört, vom anderen begehrt wird. Das Spiel ist unecht und unterschlägt entscheidende Merkmale der betreffenden Konfliktsituation: Die vom Lehrer mitgebrachte Puppe gehört keinem der beiden Spieler. Der Streit um den Besitz ist also fiktiv. Die Kinder spielen die Rollen also nicht aus einem echten konkurrierenden Besitzstreben. Man tut nur so, als ob man sich stritte. Das Unechte der Lage wird noch deutlicher, wenn nun der Lehrer das Spiel unterbricht, die Puppe an sich nimmt: Keines der beiden Kinder bekommt nun das Spielzeug, die Konfliktursache erweist sich als purer *Motivationsbluff*. Es geht den spielenden Kindern wahrscheinlich weit mehr darum, sich vor den zuschauenden Schülern durch Rangelei, durch Übertreibungen interessant zu machen. Damit aber wird keine brauchbare Grundlage geschaffen; der Konfliktkern wird nicht ins Blickfeld gebracht, die entscheidende Sozialproblematik (Besitzneid, Egoismus, Gewalteinsatz) wird nicht erlebbar gemacht.«

Das Hauptargument ist, daß der Ernstfall nicht angemessen wiedergegeben werden kann, ja nicht nur das, daß man ihn sogar verfälscht und eben dadurch gar keine Unterrichtsgrundlage gewinnt. Das Rollenspiel ist Motivationsbluff, weil sich die Kinder gar nicht wirklich streiten und nur so tun müssen als ob.

Selbstverständlich gibt es diesen Ernstfall auch im Unterricht. Und er sollte vom Lehrer für das soziale Lernen aufgegriffen werden. Das Rollenspiel aber hat eine ganz andere Funktion. In oder mit ihm werden den Kindern Requisiten, Versatzstücke oder Situationen vorgegeben, mit denen sie etwas darstellen, dessen inhaltliche Ausführung aus ihrer Erfahrung stammt; das Spiel lebt von den Einfällen, die unter den Bedingungen des Augenblicks hochkommen. Das Darstellen ist also von vornherein gewollt und ihnen bewußt, kein Ersatz. Die Kinder wissen, daß sie darstellen und daß es nicht um den tatsächlichen Streit um eine Puppe geht. Selbstverständlich gibt es auch die Unterrichtserfahrung, daß aus dem Rollenspiel Schau wird oder es in Albernheiten ausartet. Das ist sicher immer dann der Fall, wenn der Spielvorentwurf, der Umriß der Szene, die auszufüllen ist, die Kinder überfordert. Der Unterricht lehrt aber auch, daß die spielenden Kinder sehr wohl ein Gefühl dafür haben, daß eine Gruppe in ihrem Spiel Quatsch gemacht hat. Sie sind durchaus in der Lage, überzeugende Lösungen anzuerkennen und von anderen zu unterscheiden. Sinn des Rollenspiels ist eben diese Reflexion und nicht die Einübung für die Praxis im Sinne eines Verhaltenstrainings.

Anmerkungen:

1 Der angesprochene Zusammenhang von Identität und Identifikation fußt auf der Darstellung der primären Sozialisation von Peter L. Berger und Thomas Luckmann in »Die gesellschaftliche Konstruktion der Wirklichkeit«. Frankfurt 1972³.

Dort heißt es u. a. auf Seite 141 ff.: »Der Mensch wird, was seine signifikanten Anderen in ihn hineingelegt haben. Das ist jedoch kein einseitiger mechanischer Prozeß zwischen Identifizierung durch Andere und Selbstidentifikation, zwischen objektiv zugewiesener und subjektiv angeeigneter Identität.« Grundlegend: G. H. Mead, Geist, Identität und Gesellschaft. Frankfurt 1968. S. 177 ff.; Jürgen Habermas, Stichworte zu einer Theorie der Sozialisation (1968), in: Kultur und Kritik, Frankfurt 1973. (»Der Prozeß der Vergesellschaftung ist ein Prozeß der Individuierung.« S. 120); Jürgen Habermas, Zur Logik der Sozialwissenschaften. Frankfurt 1971². Hier insbesondere im Zusammenhang mit der hermeneutischen Fragestellung und dem Problem des »Übersetzens«.

2 Berger-Luckmann, a. a. O., S. 144: »Das subjektive Leben ist nicht völlig gesellschaftlich. Der Mensch erlebt sich selbst als ein Wesen innerhalb und außerhalb der Gesellschaft. Das deutet darauf hin, daß die Symmetrie zwischen objektiver und subjektiver Wirklichkeit niemals statisch, niemals unabänderlicher Tatbestand ist... Die Beziehung von Individuum und sozialer Welt ist mit anderen Worten ein fortwährender Balanceakt.« Die »Balance« ist gerade der Ursprung des Selbstbewußtseins. Eine totale Sozialisation, in der die Balance keine Chance hat, würde es zerstören oder erst gar nicht aufkommen lassen. Hierzu: J. Habermas, Zur Logik der Sozialwissenschaften. A. a. O. Auch er spricht von dem verletzbaren Balanceakt zwischen Trennung und Vereinigung, in der sich die Identität eines jeden einspielen muß.

3 Hier wird die in der jüngsten Vergangenheit intensiv diskutierte Unterscheidung von Begabung und Lernfähigkeit angesprochen. Im einzelnen wird dies daher nicht näher ausgeführt. Grundlegend sind u. a. die Thesen von Heinz Heckhausen, wie er sie u. a. in dem Gutachten des Deutschen Bildungsrates »Begabung und Lernen«, Stuttgart 1969, niedergelegt hat.

4 Hierzu: Friedrich Kümmel, Aspekte einer elementaren Denkerziehung in der Primarstufe, in: Halbfas, Mauerer, Popp, In Modellen denken. Stuttgart 1976. S. 172 ff.

5 O. F. Bollnow, Philosophie der Erkenntnis. Stuttgart 1970. S. 86 ff. Die Meinung als Grundlage des Erkennens ist eine erkenntnistheoretische Zuspitzung des Gedankens der Sozialisasation; denn das Meinen kann sich nur in der Interaktion der Alltagswirklichkeit ausbilden.

6 Fr. Kümmel, a. a. O., S. 179: »Angesichts der sozialen Determination der Wirklichkeit kann man fast den Eindruck gewinnen, daß die hemmenden Faktoren die denkfördernden meist überwiegen und es nahezu Ausnahmebedingungen sind, die einen für das Denken förderlichen Umgang und Habitus erzeugen. Dazu gehören Selbständigkeit und Selbstvertrauen, ...«

Selbstverständlich ist »fragloses Hinnehmen« nicht immer schon identisch mit »Korruption des Denkens«. Das ist vielmehr nur dort zu finden, wo eigenes Fragen durch übermächtige Andere und unverstandene Erklärungen verdrängt wird. Das Wissenwollen steht dann in keinem Zusammenhang mehr mit dem aufgenommenen Wissen.

7 Der auf die »Frankfurter Schule« zurückgehende Begriff der Handlungsfähigkeit wurde insbesondere durch Klaus Giel und G. G. Hiller für die Didaktik der Primarstufe fruchtbar gemacht. G. G. Hiller, die Elaboration von Handlungs- und Lernfähigkeit durch eine kritische unterrichtliche Rekonstruktion von Themen des öffentlichen Diskurses. In: Giel/Hiller, Stücke zu einem mehrperspektivischen Unterricht. Aufsätze zur Konzeption 1. Stuttgart 1974; Kl. Giel, Vorbemerkungen zu einer Theorie des elementaren Unterrichts. In: Giel/Hiller, Stücke zu einem mehrperspektivischen Unterricht. Aufsätze zur Konzeption 2. Stuttgart 1975.

8 J. Habermas, Technischer Fortschritt und soziale Lebenswelt. In: Habermas, Technik und Wissenschaft als Ideologie. Frankfurt 1968. Technisches Verfügen ist nicht identisch mit aufgeklärtem Handeln.

9 H. R. Lückert, Begabungsforschung und basale Bildungsförderung. In: Die Grundschule 2 (1968). Braunschweig: Westermann. Der hier vorgetragene Grundgedanke, Erfahrungsdefizite, die in einer technisierten Welt notwendig entstehen, durch Intellektualisierung auszugleichen, wurde von Lückert ja wiederholt vorgetragen. Überhaupt hat der Gedanke des Ausgleichens durch geplantes Lernen, der aber noch kein Schulunterricht sein sollte, die Vorschuldiskussion maßgeblich bestimmt.

10 Damit wird nur behauptet, daß das Identifizieren immer auch emotional ist; es ist kein rein kognitiver Akt. Das Kind muß mit den signifikanten Anderen »zusammenleben«. Zuwendung und Zeit sind ebenso erforderlich wie die gleichen Lebenssituationen. Wenn Berger/Luckmann u. a. feststellen, daß die Welt des Kindes zweifelsfrei und dicht ist — die in der primären Situation vermittelte Welt —, dann heißt das keineswegs, daß Kinder keine Ängste und Zweifel auszustehen haben, sondern daß diese Welt die einzig für sie mögliche darstellt; sie haben keine Alternativen, weil sie von keinen Vorerfahrungen ausgehen können. Die Einseitigkeit ist unaufhebbar und kann nicht generell als Zwang ausgelegt werden.

11 Der Begriff der Wissenschaftsorientierung wird hier so gebraucht, wie ihn Bruner maßgeblich entwickelt hat, u. a. in: Die Relevanz der Erziehung. Ravensburg 1973; ders., Der Prozeß der Erziehung. Düsseldorf 1970; ders., Anmerkungen zu einer Unterrichtstheorie. Düsseldorf 1974.

12 Fr. Kümmel, Aspekte einer elementaren Denkerziehung in der Grundschule. A. a. O., S. 184.

13 J. S. Bruner, Relevanz der Erziehung. Ravensburg 1973. S. 147.

14 Dieser Begriff geht auf die Arbeit von Klaus Giel zurück, wie überhaupt der hier vertretene Ansatz maßgeblich von ihm entwickelt wurde. Es ist, so weit ich sehe, die einzige überzeugende Alternative zu einem Fachunterricht. Der von ihm entwickelte Gedanke der didaktischen Rekonstruktion gibt der Didaktik ein eigenes Fundament. Fr. Kümmel kommt zu ähnlichen Schlußfolgerungen in seinen Aspekten der Denkerziehung.

15 H. Tütken und K. Spreckelsen, Zielsetzung und Struktur des Curriculums. Frankfurt 1970. S. 11. In diesem Zusammenhang wird dann auch der Begriff der »Wissenschaftsorientierung« entfaltet.

16 Klaus Giel: »Sein Anfang — der Anfang des elementaren Unterrichts — liegt inmitten des gelebten Lebens. In dieses gelebte Leben, hinter das auch nicht in der Form der Frage nach der natürlichen Lehrart zurückgegangen werden kann, sind wir durch unsere alltäglichen Besorgungen verstrickt. Auch das Leben der Kinder ist durch solche alltägliche Besorgungen ausgelegt. Besorgungen werden an Kinder delegiert — zur Entlastung der Erwachsenen — sie nehmen an Besorgungen gleichsam als Zuschauer teil, ihre ›Kindlichkeit‹ ist zum Teil durch spezifisch kindliche Besorgungen bestimmt (Schulaufgaben, Spielsachen aufräumen). Die Kinder leben jedenfalls inmitten unserer Welt als Verkehrsteilnehmer, Einkäufer, Fernsehkonsumenten, Autoexperten, Bundesligakenner, Gesellschaftskritiker. Ihre Wirklichkeit, das ist der Supermarkt um die Ecke, der Fußballplatz des XY-Vereins, die Fabrik usw. Von der Arbeit, die hinter den Fabrikmauern verrichtet wird, weiß das Kind soviel, wie jedermann davon weiß. — Es werden Autos darin hergestellt an Fließbändern usw.« A. a. O., S. 121.

17 Der Schlüsselbegriff wird hier in einer ähnlichen Weise benutzt wie das »Konzept« in den von K. Spreckelsen adaptierten amerikanischen Curriculumstücken des SCIS-Projektes; jedoch nicht in der von Spreckelsen entwickelten rigiden Form. Sie sollen nicht durch Aktivitäten immer wieder bestätigt oder veranschaulicht werden, sondern sind Orientierungsmuster für konkrete didaktische Entwürfe.

18 Wolf Buch: Sachunterricht 3. Sachunterricht in der dritten Jahrgangsstufe. Regensburg 1972.

19 Beck, Aust, Hilligen: Arbeitsbuch zur politischen Bildung in der Grundschule. Frankfurt 1972².

20 W. Nestle: Unterrichtsmodelle als Beitrag zur Curriculumentwicklung. Dargestellt am Unterrichtsgegenstand Fahrplan. In: Die Grundschule 4/1974.

21 D. Urban: Wirklichkeit und Tendenz. Unterrichtsbeispiele zur politischen Bildung in der Grundschule. Essen 1972².

22 Grundlegend für die symbolische Darstellung ist hier die Spieltheorie von J. Piaget. Insbesondere in: »Nachahmung, Spiel, Traum«. Stuttgart 1969. Vorstellungen von Etwas gewinnen ist nicht abzulösen von der Konstruktion und Verwendung von Symbolen. Symbolisches Verhalten ist distanzierendes Verhalten. Man tritt aus dem unmittelbaren Handlungszusammenhang heraus und sieht sich an. Hierzu u. a. auch A. Lindesmith und A. L. Strauß: Symbolische Bedingungen der Sozialisation. Bd. 1 und 2. Düsseldorf 1974/1975. — Zur »Rekonstruktion« siehe K. L. Giel a. a. O., S. 97 ff.

23 Die abgebildeten Arbeitsblätter sind dem Arbeitsmaterial zu Fernsehsendungen zum Sachunterricht entnommen. »Konsum«, »Wohnen«. München: TR-Verlagsunion 1976.

24 Diese Kritik wurde von Walter Jeziorsky auf einer Fortbildungstagung des SIL — Staatlichen Instituts für Lehrerfortbildung in Rheinland-Pfalz — am 22. Juni 1977 in Trier vorgetragen. Sie erscheint mir für eine Klarstellung hilfreich.

Karl Schneider

Die Bedeutung »didaktischer Modelle« in der Lehrerausbildung*

Einleitung

Den meisten Lehrern dürfte die Frage schon begegnet sein, nach welchem »didaktischen Modell« sie arbeiten, welches didaktische Modell sie bevorzugen oder anwenden. Gerade in Ausbildungs- und Prüfungssituationen gehört eine Variante dieser Frage inzwischen wohl zu den unumgänglichen Themen.

Auf ihren Adressaten wirkt eine solche Frage häufig verunsichernd. Dies gilt nicht nur für Studenten und Junglehrer; auch »gestandene Lehrer« (wie Mentoren und Ausbildungslehrer) können so durchaus irritiert werden. Ein Kollege, der die Frage anläßlich einer Prüfung nur mithörte, stellte mir die zweifelnde Rückfrage, was denn wohl heute die richtige Antwort wäre...

Gibt es in der Fülle der möglichen Antworten die *richtige*? Ist die vom Fragenden erwartete wirklich die richtige Antwort? – Was ist denn *heute* die richtige Antwort? Ist meine Antwort zeitgemäß, bin ich mit ihr auf dem Stand der »gegenwärtigen wissenschaftlichen Diskussion«?

Was kann gemeint sein? Versuchen wir die möglichen Assoziationen zu konkretisieren, die sich bei uns mit dem Begriff des didaktischen Modells verbinden!

Ein Lehrer arbeitet vielleicht nach Heinrich Roth. Sind dessen Überlegungen und Empfehlungen zur Unterrichtsvorbereitung ein »didaktisches Modell«? Dies ist offenbar eine Frage, die sich Roth selbst 1950 nicht gestellt hatte. Und: kann man sich *heute* noch an der »Kunst der rechten Vorbereitung« orientieren?

---

* Diesem Text liegt ein Vortrag zugrunde, der am 5. 9. 1977 beim Studientag für Mentoren »Schulpraxis und pädagogisches Studium« an der Pädagogischen Hochschule Ludwigsburg gehalten wurde.

— Einem anderen wurde in der Ausbildung damals Wolfgang Klafkis »Didaktische Analyse« nahegebracht und (vielleicht) Wolfgang Kramps Ergänzung dazu empfohlen. Aber auch Klafki sprach nicht von seinem »didaktischen Modell«. Und auch die Entstehungsjahre dieser beiden Vorschläge (1958 und 1962) liegen weit hinter uns. Sicherer fühlt sich jemand, der nach dem »Berliner Modell« arbeitet. Paul Heimann hat in der Tat in den frühen sechziger Jahren ein Strukturmodell des Unterrichts entworfen, das dann für viele Lehrer zu *der* Unterrichtstheorie geworden ist. Aber ganz sicher kann man nicht sein; die Zahl der Möglichkeiten ist zu groß. Es gibt doch auch — man spricht davon:

— das kybernetische oder informationstheoretische Modell (F. v. Cube, H. Frank)

— das systemtheoretische Modell (E. König / H. Riedel)

— das lernzielorientierte Modell (W. H. Peterßen)

— das dynamisch-integrative Modell (R. Maskus)

— das relevanztheoretische Gießener didaktische Modell (GDM, W. Himmerich u. a.)

— das anthropologische Modell der Aachener Schule (J. Zielinski)

— das kommunikative Modell (H. Schäfer / K. Schaller)

— das didaktische Modell des offenen Unterrichts (R. Ulshöfer / T. Götz).

Der Blick in ein beliebiges neueres Nachschlagewerk zeigt uns, daß die Liste der z. Z. diskutierten didaktischen Modelle noch erheblich länger ist. Manche der bereits genannten Modelle werden zudem noch unter anderem Namen geführt. Eine einigermaßen vollständige Aufzählung didaktischer Modelle der Gegenwart sollte nicht weniger als 30 Positionen umfassen — und natürlich dürfen dabei Epitheta ornantia wie »interaktionistisch«, »schülerzentriert«, »konstruktiv«, »kritisch« und »emanzipatorisch« nicht fehlen.

Wir können diesen einleitenden Gedanken hier abbrechen. Er sollte zeigen, daß bei dieser Lage der Dinge die Klärung der Frage nach der Bedeutung didaktischer Modelle ein Beitrag sein könnte zur Beseitigung eines Unsicherheitsmoments in der Arbeit von Mentoren und Lehrer-Ausbildern allgemein. Der Versuch, ein wenig zur Klärung der Frage beizutragen, geschieht allerdings in dem Bewußtsein, daß die *Klärung* einer Frage nicht identisch ist mit der (ein für allemal) gültigen Beantwortung.

Im folgenden sei, anknüpfend an das bisher Gesagte, begonnen mit einigen Hinweisen zur Verbreitung des Modellbegriffs in der Didaktik (I). Daran anschließen sollen sich einige Erinnerungen zu Begriff und Funktion des Modells im allgemeinen (II). Schließlich soll der Stellenwert didaktischer Modelle in der Lehrerausbildung umrissen werden (III). Das letztere ist nicht zu verstehen als Beschreibung der Ausbildungspraxis in Ludwigsburg und anderswo, sondern als Leitlinie für einen vernünftigen Gebrauch didaktischer Modelle in der Lehrerausbildung.

I. Didaktische Modelle als Modeerscheinung?
Zur Verbreitung des Modellbegriffs in der Didaktik

Wenn wir an die einleitenden Überlegungen anknüpfen, liegt die Frage nahe, ob didaktische Modelle Modeerscheinungen seien. Dahinter steht dann die Vermutung, sie könnten vorübergehen wie Moden, und ihre Einschätzung sei nicht zuletzt vom individuellen Geschmack abhängig. Es ist gewiß kein neuer Vorwurf gegen die (allgemein- und fach-)didaktische Diskussion, wenn man auf den raschen Wechsel der Vorstellungen und auf das Geschmäcklerische als ein kennzeichnendes Element verweist, und man kann den so zum Ausdruck gebrachten Verdacht durchaus nicht einfach als böswillige Unterstellung zurückweisen.

Hier soll zunächst schlicht die Verbreitung des Modellbegriffs in der Didaktik als Tatsache genommen werden, deren Ursprung und Ausmaß zu untersuchen ist. Eine solche Untersuchung bedeutet einmal den (historischen) Versuch, die Entstehungsgeschichte der Modell-Diskussion nachzuzeichnen und zum anderen den (systematischen) Versuch, zu ordnen, was heute alles »didaktisches Modell« genannt wird. Ich habe nicht die Absicht, auf die einzelnen didaktischen Modelle, ihr Recht und ihre Irrtümer, näher einzugehen. Vielmehr geht es hier um die Frage, was das Vorhandensein der verschiedenen didaktischen Modelle für unsere Arbeit in Schule und Hochschule bedeutet.

Als Geburtsstunde unseres Problems kann man das Erscheinen von Herwig Blankertz' Buch mit dem Titel »Theorien und Modelle der Didaktik« im Jahre 1969 ansehen. Blankertz hat damals versucht, die Vielfalt der didaktischen Theorienbildung auf *Modelle didaktischen Denkens* zu reduzieren. Der Verkaufserfolg seines Buches (10. Auflage 1977), die Reaktion der Rezensenten (mindestens 5 Rezensionen innerhalb des ersten Jahres nach dem Erscheinen) und die Tatsache, daß sein Versuch mehrfach kopiert oder nachvollzogen wurde (z. B. K. E. Nipkow; W. H. Peterßen; H. Ruprecht u. a.; R. Maskus), deuten darauf hin, daß Blankertz mit seiner Interpretation ein wirklicher Wurf geglückt war.

Modelle didaktischen Denkens ergeben sich für Blankertz aus den Grundmöglichkeiten beim Entwickeln von Theorien, aus den bei der Theoriebildung angewandten wissenschaftlichen Methoden, aus den verschiedenen wissenschaftstheoretischen Standpunkten.

So wachsen dann

— »bildungstheoretische Modelle« auf dem Boden der geisteswissenschaftlichen Pädagogik, der bildungstheoretischen Didaktik, aus der Anwendung hermeneutischer Verfahren;

— »informationstheoretische Modelle« auf dem Boden einer streng empirisch-analytisch vorgehenden Didaktik, aus der positivistischen Wissenschaftstheorie;

— »lerntheoretische Modelle« auf dem Boden einer kritischen Anwendung beider Gruppen von Methoden.

Modelle des didaktischen Denkens entsprechen bei Blankertz also Grundmöglichkeiten wissenschaftlichen Vorgehens. Im Hintergrund steht die Einteilung der Wissenschaften in historisch-hermeneutische, empirisch-analytische und emanzipatorisch-kritische, die Jürgen Habermas in seiner Frankfurter Antrittsvorlesung über »Erkenntnis und Interesse« (1965) entwickelt hatte (1). Blankertz hat die Modelle didaktischen Denkens jeweils an Beispielen konkretisiert. Es standen

— E. Weniger und W. Klafki für bildungstheoretische Modelle,

— F. v. Cube und H. Frank für informationstheoretische Modelle,

— P. Heimann/G. Otto/W. Schulz für lerntheoretische Modelle.

So kam es wohl, daß man heute von »Klafkis Modell« reden kann, obwohl davon bei Klafki selbst nicht die Rede ist. Nur die Berliner Didaktik war — wie angedeutet — von Anfang an als Strukturmodell des Unterrichts entworfen worden.

Die Wirkung der Blankertzschen Schrift war bis vor kurzem ungebrochen. Es gibt — so war ein verbreitetes didaktisches Bewußtsein — drei didaktische Modelle: das bildungstheoretische, das informationstheoretische, das lerntheoretische. Diese die Diskussion einfrierende Wirkung hat zwei Ursachen. Die Darstellung von Blankertz erweckt den Eindruck, als läge ihr eine historisch zwingende dialektische Entwicklung der Didaktik zugrunde: Bildungstheorie, Informationstheorie und Lerntheorie erscheinen gleichsam als These, Antithese und Synthese im historischen Prozeß der didaktischen Theorienbildung. Außerdem läßt sich von der Sache her argumentieren, daß tatsächlich alle denkbaren didaktischen Theorien unter dem Aspekt ihres wissenschaftstheoretischen Standortes in das universale Schema von Habermas eingeordnet werden können. Das Interpretationsschema von Blankertz war so selbst zu einem Modell geworden, das schnell scholastisch gehandhabt wurde: was in das Dreierschema paßte, war kanonisch. Eine wesentliche Einsicht Blankertz' ist durch den flotten Gebrauch seiner Darstellung nahezu vergessen worden. Bildungstheoretische und informationstheoretische Didaktik erschienen als letztlich defizitäre didaktische Modelle, als (vielleicht notwendige) historische Durchgangsstadien zum richtigen didaktischen Denken. Auf diese Weise drohte die Einsicht in die Komplementarität didaktischer Modelle verlorenzugehen.

Die Blankertzsche Darstellung wurde in den letzten Jahren insofern überholt, als heute kaum mehr drei didaktische Modelle dargestellt werden (z. B. nennen H. Frank 5, R. Winkel 5, G.-B. Reinert und K. J. Flessau 11 Modelle). Das dialektische Denkschema wird gesprengt oder — wo etwa noch von der Dreizahl didaktischer Modelle die Rede ist — nicht mehr verstanden.

Ohne weiter auszuholen sei hier behauptet, daß die betont wissenschaftstheoretische Diskussion in der Didaktik (die Blankertz wesentlich angestoßen und bestimmt hat) und die breite Aufnahme der Curriculumdiskussion nach 1967 dazu geführt haben, daß etwa ab 1970 ein zweiter Gebrauch des Modellbegriffs in der Didaktik üblich wurde. Gesucht werden seither »*praktikable Modelle der Unterrichtsvorbereitung*«. Die alte Unterrichtslehre-Literatur war »erfolgreich« in Bausch und Bogen als unwissenschaftlich diskriminiert und diskreditiert worden — die neuen didaktischen Modelle (auch das Berliner) waren für den praktischen Gebrauch zu allgemein, abstrakt, »theoretisch«. So entstanden Schemata, Leitfäden und zuletzt Check-Listen, die in der Regel als Modelle für die Unterrichtsvorbereitung bezeichnet wurden und außer in den Ausbildungsbetrieb als »Modelle« auch in die didaktische Literatur eingingen (2).

Gleichzeitig mit dem Aufkommen dieser Variante des Modellverständnisses (Vorbereitungs-Modelle) begann die CIEL-Gruppe um Klaus Giel und Gotthilf Gerhard Hiller in Reutlingen seit 1970 mit der Entwicklung von »*Unterrichtsmodellen*«. Diese Unterrichtsmodelle können wir einerseits verstehen als Unterrichtsbeispiele, Unterrichtseinheiten, deren Funktion jener der Musterlektionen und Präparationen vergangener Epochen durchaus vergleichbar ist. Andererseits — und dies zeigt schon die Entstehungssituation der Reutlinger Unterrichtsmodelle aus einem Curriculumprojekt heraus — sind diese Modelle als (Re-)Konstruktionshilfen und Konkretisierungsansätze für Curricula gedacht. Diese Modelle sollen — eben »modellhaft« — »das unterrichtliche Konstruktionsgefüge und die Kriterien seiner Erzeugung durchsichtig machen« (S. v. Niswandt). Über die klassischen Präparationen gehen diese Unterrichtsmodelle dadurch hinaus, daß sie ihren instrumentellen Charakter als Konstruktionshilfe betonen und die mitgeführten leitenden Interessen transparent machen. Sie bleiben andererseits hinter den Präparationen zurück, weil sie nicht »teacher-proof« sind, sondern im Gegenteil didaktische Kompetenz beim Benutzer bewußt herausfordern — sollen/wollen (3).

Schließlich sei noch kurz an einen weiteren Zusammenhang erinnert, in dem der Modellbegriff heute in der Didaktik eine Rolle spielt. Ich zitiere dazu einen Zwischentitel aus einer neueren Abhandlung: es geht dort um »ein *metatheoretisch-heuristisches Modell* zur Beschreibung der Problem- und Aktionsbereiche (des Gegenstandsbereichs) der Didaktik« (4).

Die Bestandsaufnahme zur Verbreitung des Modellbegriffs in der Didaktik soll abgeschlossen werden durch den Versuch der Kategorisierung dessen, was heute i. w. S. als »didaktische Modelle« bezeichnet wird. Die im folgenden Schema verwendeten Begriffe könnten zur Unterscheidung der mit verschiedenen »Modell-Varianten« jeweils angesprochenen Inhalte und Theorie-Ebenen nützlich sein.

Modell-Varianten		Inhalte	Theorie-Ebenen
Modelle der Didaktik (gen. obj.) z. B. R. Schindele	Unterrichtsmodelle z. B. K. Giel / G. G. Hiller: Modellkonstruktionen von Unterricht, Unterrichtsbeispiele	Metatheorie des Unterrichts	Metatheorie d. U. Theorie d. Didaktik Didaxologie
didaktische Modelle i. e. S. z. B. H. Blankertz		Unterrichts-theorien Theorieansätze	Theorie des U. Didaktik
Modelle der Unterrichtsvorbereitung z. B. H. K. Beckmann		Schemata, Leitfäden der U.vorbereitung und U.gestaltung	Praxis des Unterrichts

Im Blick auf die eingangs gestellte Frage, ob didaktische Modelle Modeerscheinungen seien, ergibt sich in der Zusammenschau des Bisherigen: In nicht wenigen Fällen hat die Rede von den »Modellen« etwas modisch Aufgeputztes an sich. Man kann den Eindruck gewinnen, als bekäme jedes schlichte Schema, jeder neue Vorschlag, ja zuweilen sogar ein unfertiger Gedanke, durch die Bezeichnung »Modell« die »höheren Weihen« der Wissenschaft. Pointiert aber ernsthaft: dort, wo die »Modell-Konjunktur« am kräftigsten ist, ist sie am wenigsten produktiv.

Im Bereich der Schemata und Leitfäden zur Unterrichtsplanung wäre der inflationierte Begriff des Modells durchaus entbehrlich!

Andererseits sei nicht übersehen, daß die im Verhältnis zur Vergangenheit häufigere Verwendung des Modellbegriffs auch in der Didaktik wohl begründet ist. Letztlich zeigt sich in diesem Sprachgebrauch die allgemeine Skepsis gegenüber universalistischen Theorien. Die Rede von den Modellen deutet an, daß abschließende Theorien nicht zu leisten sind. Die »allgemeine Pragmatisierung der Wissenschaft« (W. Popp), ihre stärkere Ausrichtung auf die gesellschaftliche Wirklichkeit, hat in allen Sozialwissenschaften zu der bekannten Vorliebe für »Theorien mittlerer Reichweite« geführt (5). So wird auch die Rede von »Theorieansätzen«, die Wendung von »Theorien und Modellen«, in der Didaktik als Ausdruck der Zurückhaltung zu deuten sein.

Eine beträchtliche Schwierigkeit der Beurteilung »didaktischer Modelle« und ihrer Relevanz für unsere Arbeit liegt somit in der verwirrenden Tatsache, daß der Modellbegriff — je nachdem — modischen Glanz verleihen soll oder aber vorsichtige Zurückhaltung ausdrücken kann. — »Der Begriff des Modells gehört zu den in der Gegenwart sehr verschiedenartig und oft sehr nachlässig gebrauchten Begriffen.« Diese Bemerkung Otto Friedrich Bollnows aus dem Jahre 1965 bezog sich auf die Pädagogik und die anthropologischen Wissenschaften im allgemeinen (6). Sie ist als eine vornehme und wohlwollende Diagnose für die gegenwärtige Situation in der Didaktik zu gebrauchen.

Wir müssen uns kurz vergewissern, was ein Modell denn eigentlich ist und was man im weitesten Sinn mit Modellen anfangen kann. Einige wenige Aspekte des Themenkomplexes »Modell und Wirklichkeit« sollen die abschließenden Überlegungen vorbereiten.

II. Modell und Wirklichkeit. Begriff und Funktion des Modells

Im allgemeinen Sprachgebrauch — auch außerhalb der Wissenschaft — wird als Modell meist eine vereinfachte, in der Regel verkleinerte Nachbildung (z. B. Schiffsmodell, Flugzeugmodell, Modelleisenbahn) oder Vor-bildung (Modell des Architekten, Gips-, Holz-, Kunststoffmodelle) eines »Originals« bezeichnet. Ein solches bildliches oder räumliches Modell gibt dann räumliche Beziehungen, auch Größenverhältnisse anschaulich wieder, während von anderen Eigenschaften abgesehen wird. So sind schon diese einfachsten Modelle anschaulich und abstrakt zugleich, indem sie komplizierte, in der Wirklichkeit schwer oder gar nicht durchschaubare Beziehungen darstellen und gleichzeitig von bestimmten anderen Eigenschaften abstrahieren. Ein Spezialfall, an dem diese Leistung der Modelle besonders deutlich wird, sind die Funktionsmodelle in der Technik. Solche Modelle ermöglichen die Untersuchung einer bestimmten Eigenschaft des geplanten Endprodukts unter Laborbedingungen (z. B. Strömungseigenschaften im Windkanal). Modelle übernehmen in diesem Sinne häufig die Funktion von Prototypen: am Modell werden Tests durchgeführt, ehe das Produkt in großer Zahl hergestellt wird. In einem vergleichbaren Sinn sprechen wir auch von Modellschulen und Modell-Curricula.

In allen bisher genannten Fällen vertritt das Modell (bildlich, räumlich, im Blick auf eine bestimmte Funktion oder auf eine komplexe Größe wie Leistungsfähigkeit) ein Original. Inner- und außerhalb der Wissenschaft können aber die Dinge hinsichtlich dieses uns besonders interessierenden Verhältnisses von Modell und Wirklichkeit auch anders liegen.

Das »Modell« kann auch selbst das »Original« sein (z. B. Fotomodell, Aktmodell, Modell beim sog. Beobachtungslernen).

Diese einfache Besinnung sollte verdeutlichen, daß wir nicht davon ausgehen dürfen, daß im »Modell« stets eine »Wirklichkeit« mehr oder weniger exakt wiedergegeben wird. Die Wirklichkeit des Modells muß nicht weniger wirklich sein als die Wirklichkeit, auf die sich das Modell bezieht. Besonders deutlich wird dies an den gedanklichen Modellen, mit denen sich die Wissenschaften vor allem beschäftigen. Wiederum soll das durch den Hinweis auf einige Beispiele für wissenschaftliche Modelle erläutert werden. Generell wird man auch hier zunächst festhalten können, Modelle seien vereinfachende ikonische (bildliche) oder symbolische (sprachliche oder mathematische) Darstellungen von Strukturen, Funktionsweisen, Verlaufsformen oder Verhaltensweisen. Man denke zur Bestätigung dieser allgemeinen Definition an

— das Strukturmodell der Berliner Didaktik (Unterricht als Gefüge von vier Entscheidungs- und zwei Bedingungsfeldern),

— das kybernetische Modell (Unterricht als Regelprozeß der Abstimmung von Ist- und Soll-Werten durch Informationsverarbeitung),

— das Modell der kommunikativen Didaktik (Unterricht als Kommunikationsprozeß mit den sich aus Inhalts- und Beziehungsaspekt ergebenden Konfliktmöglichkeiten).

Das Verhältnis von Modell und Wirklichkeit soll in einem außerpädagogischen Bereich noch einmal überprüft werden. Ich wähle die Physik, weil niemand auf den Gedanken kommen wird, daß man in der Physik unsachgemäß mit Modellen hantiert. Auch an den aus der Schule geläufigen (?) Beispielen aus der Optik (Wellenmodell, Teilchenmodell d. Lichts), der Atomphysik (Bohrsches Atommodell) oder Kernphysik wird deutlich, daß Modelle Vereinfachungen eines verwickelten Geschehens darstellen. Darüber hinaus aber ist hier zu lernen, daß es die Wirklichkeit, die in den Kernmodellen dargestellt ist, gar nicht in dem Sinne gibt, wie es etwa vier Türen, ein Pult und einige hundert Sitzplätze in einem Hörsaal gibt. Modelle sind hier gedankliche Konstruktionen, die es ermöglichen, Vorgänge (etwa im Nuklearbereich) zu erklären und zu manipulieren.

Das Alphateilchenmodell erklärt die Strahlung, das Schalenmodell erklärt die magischen Zahlen, das Tröpfchenmodell erklärt die Kernspaltung, das kollektive Modell erklärt die Quadrupolmomente und die Unregelmäßigkeiten der magnetischen Momente der Kerne. Es ist für unseren Zusammenhang nicht wichtig, daß wir im einzelnen nicht mehr wissen (vielleicht nicht wirklich verstanden haben?), was durch das Fermigasmodell, Compoundkernmodell und das optische Modell »elegant« erklärt werden kann. Worauf es ankommt ist, daß niemand fragt, welches Modell das richtige sei, die Wirklichkeit richtig abbilde. Auch Modelle, die sich gegenseitig ausschließen — wie das Teilchenmodell und das Wellenmodell —, treten nicht eigentlich in Konkurrenz zueinander. Wenn wir sagen, diese Modelle seien einander komplementär, sie ergänzten sich, so ist dies nicht additiv zu verstehen. Die Entwicklung und Begründung der Quantenmechanik ist das Feld, in dem für uns physikalische Laien das Komplementätsverhältnis zwischen Teilchen- und Wellenmodell bis in die historischen Auseinandersetzungen der beteiligten Wissenschaftler hinein besonders eindrucksvoll studierbar wird. Komplementarität wird erkennbar als das Verhältnis der produktiven Ergänzung der Teilchen- und Wellenvorstellungen, die sich in ihrer gleichzeitigen Anwendung gegenseitig ausschließen. Wichtig ist dabei, daß auch die Interpretation des Wellen-Teilchen-Dualismus im Sinne einer dialektischen Einheit der Gegensätze eine unangemessene Ontologisierung der Komplementarität darstellen würde. Was das Verständnis dieser Modelle von uns verlangt, ist die radikale Abkehr von anschaulichen Vorstellungen: so ist z. B. der klassische Bahn-Begriff untauglich zur Beschreibung von Bewegungsvorgängen im Bereich des Atomaren im Rahmen der Quantentheorie. Mit diesen Überlegungen stoßen wir auf die Kernfrage, die Physiker und Philosophen seit dem Anfang unseres Jahrhunderts beschäftigt. Es ist die Frage nach einer (widerspruchsfreien) Verknüpfung zwischen den Modellen (und mathematischen Formalismen) und der empirischen Wirklichkeit, wie sie in der experimentellen Erfahrung untersucht wird. Dies aber ist wiederum letztlich eine Version der nicht die Physik allein beschäftigenden Grundfrage nach dem Verhältnis von wissenschaftlicher Erkenntnis und alltäglicher sinnlicher Erfahrung der Wirklichkeit, »die nicht wir selbst sind« (unabhängig von uns?).

Ich versuche thesenartig zusammenzufassen, was sich aus solchen Überlegungen auch für didaktische Modelle ergibt. Dabei greife ich zurück auf einen Beitrag von Walter Popp über die Funktion von Modellen in der didaktischen Theorie und nehme einige Gedanken von Klaus Giel auf (7).

1. Didaktische Modelle sind *Denkmodelle*, gedankliche Konstruktionen, also keine Abbilder der Wirklichkeit des Unterrichts, keine Nachbildungen. In diesem *Konstruktcharakter* didaktischer Modelle liegt ihre Abstraktheit. Didaktische Modelle sind keine Beschreibungen des Unterrichts.

2. Didaktische Modelle haben nichtsdestoweniger ihre *eigene Realität*, sie sind nicht unwirklich.

Um diesen Gedanken begrifflich schärfer zu fassen, greift Giel die Unterscheidung des Strukturalismus auf zwischen »konkreter Realität« als der vertrauten mich umgebenden Wirklichkeit und »wirklicher Realität« als einer strukturierten, gedanklich faßbaren Wirklichkeit. Die erkenntnismäßige Leistung von Modellen liegt nun darin, daß mit ihrer Hilfe die Wirklichkeit strukturiert wird. »Die Modelle überführen die konkrete Realität in die wirkliche Realität« (Giel 233); oder: »Durch das Modell soll eine schon vertraute (konkrete) Realität in eine intellektuelle Ordnung (wirkliche Realität) übergeführt werden« (Giel 235). Auch didaktische Modelle können diese *Transformationsfunktion* übernehmen, indem sie die einerseits vertraute, andererseits amorphe Wirklichkeit des Unterrichts distanzierend und gliedernd erst eigentlich diskutierbar machen. Reflektiertes Handeln ist nur in dieser durch das Modell »handlich« gemachten wirklichen Realität möglich.

3. Auch didaktische Modelle sind nur Modelle in bezug auf bestimmte Eigenschaften und Relationen. Von dieser grundsätzlichen *Aspektbezogenheit* aller Modelle aus wären die Versuche zu kritisieren, so etwas wie didaktische Universalmodelle zu bauen. Gerade der Unterricht verführt uns in seiner Kom-

plexität leicht zur Konstruktion von AHMAZ-Modellen (8) — weil es tatsächlich stimmt: Alles Hängt Mit Allem Zusammen.

4. Damit hängt zusammen (!), daß wir von einem »*Pluralismus*« didaktischer Modelle ausgehen müssen. Popp hat herausgestellt, daß die Konkurrenz didaktischer Modelle im Sinne eines jeweils universalen Anspruches auf einem grundlegenden Mißverständnis beruht, auf dem »erkenntnistheoretischen Realismus«. »Der dogmatische Gebrauch von Modellen in der Unterrichtspraxis verengt den Erfahrungsspielraum des Lehrers und korrumpiert seine Disponibilität und Mündigkeit« (Popp 52).

Der von Popp vertretene Pluralismus didaktischer Modelle wird begründbar durch die Einsicht in die *Komplementarität* auch der unterschiedlichen didaktischen Modellvorstellungen. Auch hier ist vor jeder Ontologisierung zu warnen. Das Ergebnis solcher Ontologisierung sehen wir vielfach im Gebrauch des Berliner Modells in Unterrichtsentwürfen.

5. Wenn trotzdem mit Recht davon die Rede sein soll, daß didaktische Modelle Unterricht je unterschiedlich »erklären« (von verschiedenen Seiten zeigen, vielleicht transparent machen), dann wird dies nur möglich sein, wenn didaktische Modelle trotz ihres Konstruktionscharakters keine luftigen Spekulationen über Unterricht sind. Die Vielfalt der Modell-Perspektiven muß in der didaktischen Diskussion wirklich aufgenommen werden. An ihr muß sich erweisen, wie die verschiedenen Modelle ihren Sitz in der Wirklichkeit haben. Wenn die didaktische Diskussion so »ein Prozeß kritischer Auseinandersetzung und Herausforderung zur Korrektur und Relativierung« wird (Popp 58), dann eröffnen didaktische Modelle der Auseinandersetzung mit Unterricht partiell neue Perspektiven, stiften neue Beziehungen. Didaktische Modelle können dann i. e. S. des Wortes produktiv werden, wenn Denken in Modellen zum Umdenken über Unterricht Anlaß gibt.

— Das Herausstellen der »Medien« als Entscheidungsfeld (durch Heimann), oder auch die Aufspaltung der unterrichtlichen Kommunikation in Beziehungs- und Inhaltsaspekt (in der kommunikativen Didaktik) können solche produktiven Stellen sein.

Beide Beispiele sind aber inzwischen auch schon geeignet zu zeigen, wie ein gedankenloser Modellgebrauch Wirklichkeit vernebeln kann. Leistung und Gefahr liegen so auch in didaktischen Modellen sehr nah beieinander — gleichsam im Wesen der Sache. Didaktische Modelle *können* Unterrichtswirklichkeit transparent machen, Unterrichtsvorgänge leichter voraussehen lassen, Unterricht leichter planbar und angemessener kritisierbar machen (9). Wenn man die Voraussetzungen und Prinzipien der Bildung von Modellen (Konstruktcharakter, Transformation, Aspekthaftigkeit, Komplementarität) aus dem Blick verliert, büßen didaktische Modelle ihre Produktivität ein und werden zu Schematismen, die die Wirklichkeit verzerren und den Lehrern das Denken abgewöhnen.

Man müßte wohl diese These mit Beispielen zu untermauern versuchen (am einfachsten wären dazu, wie angedeutet, »Unterrichtsentwürfe nach...« zu verwenden). Hier soll statt dessen in einem abschließenden Gedankengang versucht werden, einige Konsequenzen für einen vernünftigen Gebrauch didaktischer Modelle in der Lehrerbildung aufzuzeigen.

III. Der Stellenwert didaktischer Modelle in der praktischen und theoretischen Ausbildung der Lehrer

An welcher Stelle des Studiums und mit welchem Bezug zur eigenen Erfahrung sollen sich künftige Lehrer mit didaktischen Modellen auseinandersetzen? Wie viele, welche, welche Art von didaktischen Modellen sollen Lehrerstudenten kennenlernen? — Dies sind einige der konkreten Fragen, vor die sich jeder Versuch, ein Curriculum für die Lehrerausbildung zu entwerfen, gestellt sieht. Jede dieser Fragen wird Kontroversen auslösen — fast jede der kontroversen Meinungen wird sich auf den »gegenwärtigen Stand der wissenschaftlichen Diskussion« berufen. Einigungsmöglichkeiten liegen entweder in (illusorischen) Maximalforderungen (»Jeder Lehrer ein Erziehungswissenschaftler«) oder in unverbindlichen allgemeinen Formeln (»Didaktische Modelle müssen sowohl im praktischen als auch im theoretischen Teil der Lehrerausbildung berücksichtigt werden«). — Diese wenigen Hinweise machen das Risiko deutlich, das jeder eingeht, der Maximen für den Gebrauch didaktischer Modelle in der Lehrerausbildung formuliert. Hier seien dennoch einige Forderungen zur Diskussion gestellt, die sich mir in der gegenwärtigen Situation aufdrängen.

Für das »*Geschäft des Unterrichts*« müssen Lehrerstudenten lernen, Unterricht vorauszudenken, Unterricht zu gestalten (zu »halten«) und vernünftig über Unterricht zu diskutieren. Welche Rolle spielen bei diesen Tätigkeiten didaktische Modelle?

Bei der Planungsarbeit des Lehrers, wahrscheinlich auch gerade des guten Lehrers (also auch des Mentors), spielen didaktische Modelle vermutlich eine äußerst bescheidene Rolle. Ein routinierter Lehrer benutzt bei der Planung wohl kein Schema, setzt sich auch nicht mit didaktischen Modellen i. e. S. auseinander und denkt wohl nie an ein »metatheoretisch-heuristisches Modell« der Didaktik. — Wir sollten uns dies eingestehen und sehen, daß darin nicht eine zu rügende Nachlässigkeit liegt. Der planende Lehrer, der seine Schüler kennt und seinen Unterrichtsgegenstand durchdacht hat, denkt den Unterricht in Situationen voraus. Job-Günter Klink hat das in seiner Abhandlung über »Planung des Unterrichts: Freiheit und Festlegung« anschaulich und eindrucksvoll beschrieben (10). Wenn der Lehrer didaktische Phantasie hat, ist seine Unabhängigkeit von Schemata und Modellen, sein originärer, persönlicher Zugang zum Unterricht seine eigentliche Stärke. Wenn ihm diese Fähigkeit, Unterricht in Situationen vorauszudenken, allerdings fehlt, ist die vermeintliche Freiheit nichts als eine verleugnete Blindheit, die das »Schema F« nicht mehr sieht. Ähnlich wie bei der Planung sind im Unterrichtsvollzug didaktische Modelle für den Lehrer von geringem Nutzen. Handeln in der Situation erfordert jedenfalls gerade die Souveränität, sich von Modellen lösen zu können — sich (als Person) Kindern (als Personen) zuwenden zu können.

Anders verhält es sich mit der Situation, in der über Unterricht gesprochen wird. Die Fähigkeit zur rationalen *Diskussion über Unterricht* ist nur aufzubauen im Denken in didaktischen Modellen. Nach den früheren Überlegungen bedarf dies keiner weit ausholenden Begründung.

Für den Lehrer bedeutet dies zweierlei: daß keiner ein schlechtes Gewissen zu haben braucht, der sich eingesteht, in der täglichen Praxis keine didaktischen Modelle — weder Planungsschemata noch explizierte Unterrichtstheorien — zu benutzen, *und* daß gerade auch für den guten Lehrer didaktische Modelle i. e. S. unverzichtbare Denkinstrumente zur Kontrolle und Revision des eigenen Unterrichts darstellen.

Der Anfänger im Unterrichten braucht zur Unterrichtsplanung allerdings ein geistiges Leitseil, einen Leitfaden, ein Schema zur Sicherung und Entlastung. (Warum soll man solche Planungsschemata Modelle nennen?) Man wird unschwer erkennen, daß jedem Planungsschema ein didaktisches Modell zugrunde liegt. Ein solches Schema selbst aber erhebt keinen theoretischen Anspruch. Es dient dem praktischen Zweck, die Planung ökonomisch zu gestalten und Planungslücken auszuschließen. Lehrerstudenten sollten erfahren, daß sich in diesem Fall Schema-Wechsel zur Erhaltung oder Erhöhung der didaktischen Sensibilität empfiehlt, damit entlastende Routine nicht zum Schlendrian werden kann.

Es ist damit schon gesagt, daß die Frage, welches Planungsschema jemand verwendet, eine reine Zweckmäßigkeitsfrage ist. Im Ausbildungsbetrieb gehört zu den notwendigen Zweckmäßigkeitsüberlegungen die Absprache innerhalb einer Praxisgruppe. Die gemeinsame Verwendung des gleichen Schemas erleichtert die Verständigung sowohl in der Planungsdiskussion als auch in der Phase der analysierenden Diskussion, weil auch für diese Besprechung von Unterricht gedankliche Schemata nützlich sind.

Was in einer Praxisgruppe zweckmäßig ist, dürfte mutatis mutandis auch in einer Lehrergruppe zweckmäßig sein. Es ist deshalb durchaus sinnvoll, daß künftige Lehrer frühzeitig lernen, in dieser Frage des Planungsschemas Kompromisse zwischen dem individuellen Geschmack (»mir liegt...«) und der sich aus einer reibungslosen Zusammenarbeit ergebenden Notwendigkeit zu suchen.

Rationale Diskussion über Unterricht (in Besprechung, Analyse, Microteaching usf.) lebt von didaktischen Modellvorstellungen, die aus dem Beobachteten herausgearbeitet, aufgeklärt, kritisiert, an den Unterricht herangetragen, mit der Realität konfrontiert werden können. Die Unterrichtsbesprechungen im Rahmen der Praktika sollten trotz der stets zu knappen Zeit dazu Anregungen und Anleitung geben. In diesen Besprechungen der selbsterlebten Unterrichtsversuche müßte Studenten vor allem die Produktivität didaktischer Modellvorstellungen einsichtig werden.

Wenn Planung, Gestaltung und Reflexion von Unterricht Hauptgeschäfte des Lehrer sind, muß »*Unterrichtstheorie*« ein Hauptgegenstand der theoretischen Ausbildung der Lehrer sein. (Ein Laie, der die Lehrerausbildung nicht aus der eigenen Anschauung kennt, wird diese Forderung für unnötig — weil verwirklicht — halten. In der Tat ist gar keine praxisnahe Lehrerausbildung denkbar, in der Unterricht nicht zentraler Gegenstand der Studien wäre.)

Ziel dieses Ausbildungsschwerpunktes wird es sein, künftigen Lehrern noch über den bisher gesteckten Rahmen hinaus für den Unterricht relevante Modelle zu vermitteln und sie in der Konfrontation mit Situationen aus der Unterrichtspraxis zu erproben, zu erweitern, zu differenzieren. Psychologische, soziologische und anthropologische Modellvorstellungen treten neben didaktische Modelle i. e. S. und können vielfach helfen, Unterrichtsrealität gedanklich zu ordnen, zu strukturieren.

Damit ist deutlich, daß in keiner Weise etwa drei klassische Unterrichtsmodelle »ausreichen«. Für Mentoren und Ausbildungslehrer bedeutet das die Notwendigkeit, bereit zu sein, immer neue didaktische Modelle prüfend ins Gespräch mit Praktikanten einzubeziehen. Didaktische Modelle sind die »Begriffe«, mit deren Hilfe wir gemeinsam über Unterricht reden. Wir dürfen nicht aufhören, an der Erweiterung und Verfeinerung unseres Sprachvermögens über Unterricht zu arbeiten.

Unterrichtsmodelle im Sinne der Reutlinger CIEL-Gruppe dürften besonders geeignete Objekte in diesem Zusammenhang sein. Sie entwerfen den Unterricht als »Spielfeld« und fordern damit zum wirklichen und gedanklichen, individuellen und gemeinsamen »Basteln« auf. Die Entwicklung und Erprobung von Unterrichtsmodellen dieser Art im Lehrerstudium ermöglicht tendenziell die Integration von Lehrerausbildung, Unterrichtsforschung, Curriculumentwicklung und Schulpraxis der »fertigen« Lehrer in projektähnlichen Situationen.

Als allgemeine Zielsetzung der Arbeit mit didaktischen Modellen im Rahmen der Lehrerausbildung sollte die Fähigkeit des »Denkens in Modellen« gesehen werden. Dabei ist in Modellen zu denken wichtiger als nach Modellen zu handeln; Modelle durchzuspielen produktiver als Modelle anzuwenden; Modelle zu entwerfen, »Modellieren«, wichtiger als Modelle zu memorieren/zu reproduzieren. Die Fähigkeit, in Modellen zu denken ist — darauf läuft diese Argumentation hinaus — eine unabdingbare Voraussetzung für die Fähigkeit, in Situationen reflektiert und verantwortlich zu handeln.

Es soll an dieser Stelle noch angemerkt werden, was wohl schon deutlich geworden ist: Unter dem hier zentralen Gesichtspunkt der Berufsvorbereitung der Lehrerstudenten werden wir der Wissenschaftstheorie der Didaktik und damit metatheoretischen Modellen der Didaktik in der Lehrerausbildung eine untergeordnete Bedeutung beimessen.

Die gegenwärtige offenbar gebräuchliche Prüfer- und Kollegenfrage, nach welchem didaktischen Modell man arbeite, erweist sich vor diesem Hintergrund als sinnvoll nur, wenn mit ihr keine »Hintergedanken« verbunden sind. Es ist sinnvoll, jemanden nach seinem besonders handlichen Werkzeug zu fragen. Wenn wir didaktische Modelle i. e. S. und Planungsschemata als Strukturierungs- und Kontrollinstrumente, als Orientierungs- und Entlastungshilfen sehen, als geistiges Werkzeug, ist die Frage in der verbreiteten verunsichernden Version unangebracht.

Selbstverständlich werden wir — um im Bild zu bleiben — bemüht sein, neues Werkzeug kennenzulernen, neue Instrumente zu erproben — aber nicht wegen eines Neuigkeitswertes, sondern weil wir hoffen, daß unsere Arbeit und unserer Schüler Lernen davon profitieren. Sicher ist ein lebendiges didaktisches »Modell-Bewußtsein« wertvoller als ein großes »Modell-Lager«. Aber natürlich muß das kein Gegensatz sein: mit Hilfe des einen kann das andere zum »Repertoire« werden, das nie zu umfangreich sein wird.

Anmerkungen:

1 Im Jahre 1969 erschien übrigens der Aufsatz »Aufgaben der Didaktik«, in dem Schulz das Berliner Modell erstmals selbst stark von der kritischen Theorie der Frankfurter Schule her interpretierte. Schulz sieht die »Berliner Didaktik« heute ja deutlich als »kritische« Didaktik. – Vgl. W. Schulz: Aufgaben der Didaktik, in: Päd. Arbeitsblätter 21, 1969 (H. 6) S. 65–96; W. Breyvogel / W. Schulz: Die Didaktik der Berliner Schule – kritisiert und revidiert, in: b:e 5, 1972, H. 6, S. 19–32.

2 Vgl. H. K. Beckmann in: WPB 26, 1974 (H. 11) S. 581–591. – Vgl. P. Buck: Eine »Checkliste« zur Überprüfung der eigenen Unterrichtsplanung, in: DDS 68, 1976 (H. 10) S. 672–678. Es hat den Anschein, als setzten Ausbildungsstätten ihren Ehrgeiz darein, daß ein didaktisches Modell ihren Namen bekam. (Es gibt allerdings bislang kein »Ludwigsburger Modell«!)

3 Vgl. S. v. Niswandt: Zur Bedeutung von Unterrichtsbeispielen für die Unterrichtsplanung, in: G. Dohmen / F. Maurer (Hrsg.): Unterricht. Aufbau und Kritik. Neuausgabe, München 6. Auflage 1976, S. 109–128; die zitierte Wendung S. 122.

4 R. Schindle: Problem- und Aktionsbereiche der Didaktik, in: H. Stadler (Hrsg.): Junglehrer. Informationen für die Schulpraxis, Rheinstetten ⁸1976, S. 7–17.

5 Vgl. W. Popp: Die Funktion von Modellen in der didaktischen Theorie, in: G. Dohmen / F. Maurer / W. Popp (Hrsg.): Unterrichtsforschung und didaktische Theorie, München 1970, S. 49–60; die zitierte Wendung S. 50.

6 O. F. Bollnow: Die anthropologische Betrachtungsweise in der Pädagogik (npb 23) Essen 1965, S. 61 – Vgl. dort auch wesentliche Anregungen zum folgenden Gedankengang.

7 W. Popp, a. a. O. (im Text zitiert als Popp mit Seitenzahl) – K. Giel: Der konstruktive Aufbau der Realität in Modellen, in: H. Halbfas / F. Maurer / W. Popp (Hrsg.): In Modellen denken, Stuttgart 1976, S. 230–261 (im Text zitiert als Giel mit Seitenzahl).

8 H.-D. Haller: Planung und Durchführung von Unterricht im Rahmen von Curricula, in: K. Frey (Hrsg.): Curriculum-Handbuch, Band II, München 1975, S. 442.

9 In der Literatur werden diese Leistungen als heuristische, prognostische, instrumentale, technologische und ideologiekritische Funktionen didaktischer Modelle bezeichnet.

10 J.-G. Klink: Planung des Unterrichts. Freiheit und Festlegung, in: B. Casper / H. Glöckel / R. Rabenstein (Hrsg.): Die Vorbereitung des Unterrichts, Bad Heilbrunn 1972, S. 25–33.

Literaturhinweis:

Blankertz, H.: Theorien und Modelle der Didaktik, München [10]1977.

Dohmen, G. / Maurer, F.: Unterricht. Aufbau und Kritik, Neuausgabe München 1976 (darin die Beiträge von H. Roth und – gekürzt – W. Klafki und W. Schulz).

Maskus, R.: Unterricht als Prozeß. Dynamisch-integratives Strukturmodell, Bad Heilbrunn 1976.

Memmert, W.: Didaktik in Grafiken und Tabellen, Bad Heilbrunn 1977.

Peterßen, W. H.: Didaktik als Strukturtheorie des Lehrens und Lernens, Ratingen 1973.

Peterßen, W. H.: Gegenwärtige Didaktik: Positionen, Entwürfe, Modelle (Workshop Schulpäd. Materialien 20), Ravensburg 1977.

Reich, K.: Theorien der allgemeinen Didaktik, Stuttgart 1977.

Ruprecht, H. u. a.: Modelle grundlegender didaktischer Theorien, Hannover [3]1976.